EL FÚTBOL Y SU FILOSOFÍA

CÓRNER

MARTÍ PERARNAU

EL FÚTBOL Y SU FILOSOFÍA

GRANDES IDEAS
DETRÁS DEL JUEGO

Primera edición: abril de 2025

2025, Martí Perarnau
© 2025, Roca Editorial de Libros, S.L.U.
Travessera de Gràcia, 47-49. 08021 Barcelona

Roca Editorial de Libros, S. L. U., es una compañía de Penguin Random House Grupo Editorial que apoya la protección de la propiedad intelectual. La propiedad intelectual estimula la creatividad, defiende la diversidad en el ámbito de las ideas y el conocimiento, promueve la libre expresión y favorece una cultura viva. Gracias por comprar una edición autorizada de este libro y por respetar las leyes de propiedad intelectual al no reproducir ni distribuir ninguna parte de esta obra por ningún medio sin permiso. Al hacerlo está respaldando a los autores y permitiendo que PRHGE continúe publicando libros para todos los lectores. De conformidad con lo dispuesto en el artículo 67.3 del Real Decreto Ley 24/2021, de 2 de noviembre, PRHGE se reserva expresamente los derechos de reproducción y de uso de esta obra y de todos sus elementos mediante medios de lectura mecánica y otros medios adecuados a tal fin. Diríjase a CEDRO (Centro Español de Derechos Reprográficos, http://www.cedro.org) si necesita reproducir algún fragmento de esta obra.
En caso de necesidad, contacte con: seguridadproductos@penguinrandomhouse.com.

Printed in Spain – Impreso en España

ISBN: 978-84-10442-15-3
Depósito legal: B-2668-2025

Compuesto en Fotoletra, S. L.

Impreso en Liberdúplex
Sant Llorenç d'Hortons (Barcelona)

RE 42153

ÍNDICE

Prólogo 11

1. Xabier Azkargorta: «Se juega como se vive». 15
2. Ferenc Puskás: «A mí el fútbol me gusta, quizá, más que la vida. 23
3. Jorge Valdano: «El fútbol es un estado de ánimo». 29
4. Miljan Miljanić: «El fútbol es como la vida, está en continuo movimiento» 33
5. Bill Shankly: «El fútbol es mucho más que una cuestión de vida o muerte» 37
6. Helenio Herrera: «Jugar, jugar, jugar, jugar. Jugar siempre. En cualquier sitio. Con cualquier cosa» 43
7. Diego Armando Maradona: «Yo me

equivoqué y pagué, pero la pelota no se mancha» 49
8. ARRIGO SACCHI: «Jugar contra Maradona es como jugar contra el tiempo porque sabes que, tarde o temprano, marcará o hará marcar» 53
9. PAUL GASCOIGNE: «Siempre juego como si fuese el último partido de mi vida. No hay tiempo de arrepentirse» 59
10. HUGO MEISL: «Salid y jugad como sabéis» 65
11. PEP GUARDIOLA: «El carácter de un equipo es el carácter de su entrenador»... 73
12. CARLO ANCELOTTI: «Hay dos tipos de entrenadores: los que no hacen nada y los que hacen mucho daño» 77
13. MANUEL SÉRGIO: «El entrenador que no sabe emocionar ni emocionarse no sabe vencer» 81
14. UNAI EMERY: «El manejo de los egos empieza en uno mismo» 87
15. MATT BUSBY: «Buscamos la perfección; si no la logramos, luchamos por la excelencia» 93
16. CARLOS PEUCELLE: «Hay una confusión entre lo que se aprende y lo que se adquiere» 101
17. CARLOS SALVADOR BILARDO: «No busquen dinero, busquen gloria» ... 107

18. JÜRGEN KLOPP: «Nunca estoy interesado en el problema, solo en la solución» 113
19. OSVALDO ZUBELDÍA: «La única verdad es ganar» 117
20. LOUIS VAN GAAL: «El equipo es como un ejército. Hay que dejarse la vida para ganar» 123
21. MARCELO BIELSA: «La derrota hace que seamos malolientes».............. 129
22. SIR ALEX FERGUSON: «El fútbol es cada vez más un ajedrez, y en el ajedrez, si pierdes un segundo la concentración, estás muerto» 135
23. JUPP HEYNCKES: «Ya aprendimos a perder, ahora estamos listos para ganar»......... 141
24. FRANZ BECKENBAUER: «El problema de los futbolistas de hoy es que tienen demasiadas distracciones» 145
25. ALFREDO DI STÉFANO: «Ningún jugador es tan bueno como todos juntos» 153
26. JOHN BENJAMIN TOSHACK: «El sábado ya pienso que tienen que jugar los mismos cabrones de siempre» 157
27. CÉSAR LUIS MENOTTI: «El gol ha de ser un pase a la red».................... 161
28. HERBERT CHAPMAN: «El momento más oportuno para marcar gol es

inmediatamente después de repeler
un ataque rival»   169
29. JUAN MANUEL LILLO: «Cuanto más rápida
va la pelota, más rápida vuelve»   175
30. JOHAN CRUYFF: «Jugar al fútbol es muy
fácil, pero jugar fácil al fútbol es lo más
difícil que hay»   181

PRÓLOGO

La noche que murió Menotti, mi editor me propuso escribir este libro.

El razonamiento de Carlos Ramos, un tipo muy futbolero, fue que sería bueno conocer las grandes ideas que anidan detrás del juego. Y, para ello, nada mejor que acudir a quienes han verbalizado su filosofía.

El fútbol son ideas.

Esta es mi tesis.

Desde los orígenes, este deporte ha sido un constante enfrentamiento de ideas ejecutadas por equipos humanos.

A la idea del juego directo inglés, nacida en los campos de batalla del imperio, se opuso la de los pases de los escoceses, nacida de su cultura cooperativa.

Ambas ideas madre se desarrollaron a lo largo del tiempo y en diferentes territorios. Cada pueblo le dio su toque particular. Las ideas evolucionaron, chocaron entre sí, se hibridaron, mutaron por deseo o necesidad, y generaron abundantes escuelas de pensamiento.

El fútbol no hizo más que emular a la filosofía, como si fuesen universos paralelos.

Los griegos pensaban que el ser humano era bastante más que un bípedo dedicado a la caza y la procreación. Construyeron a su alrededor una estructura filosófica que apuntaló su desarrollo y su crecimiento, intentando dar sentido a la vida. En la vieja Atenas fluyeron las ideas. Los antiguos filósofos se enfrentaban entre sí lanzándose razones que rebatían con saña o cinismo. Aquellas ideas iniciáticas evolucionaron de la mano de los filósofos contemporáneos hasta la actual concepción del ser humano, rica, compleja, contradictoria. Sucedía, más o menos, como sucede en el fútbol, que no es sino un trasunto de la vida.

La inspiración involuntaria de Zlatan Ibrahimović nos permitió descubrir hace tiempo que el fútbol es un mundo de ideas que giran alrededor del balón.

Este libro pretende aproximarnos a la estrecha relación tejida entre filósofos y entrenadores. El balón y el pensamiento son los hilos que cosen la simbiosis.

Todas las ideas están ahí, sobre el terreno de juego, listas para ser jugadas.

Miraval, 15 de diciembre de 2024

1

«SE JUEGA COMO SE VIVE»
Xabier Azkargorta

«Se juega como se entrena». Esta es una aseveración muy común en el fútbol. Pretende decir que existe una relación directa entre la preparación y el resultado. Desde luego, es algo muy cierto, aunque no es una verdad completa.

La preparación sirve para afinar movimientos y músculos, para coordinar acciones entre compañeros y frente a rivales, para agudizar cualidades y modificar hábitos corporales; en definitiva, para mejorar el rendimiento. Entrenarse es una herramienta que hace progresar al futbolista, si bien en ocasiones sus actuaciones se ven muy influidas por factores ajenos a la preparación, con lo que, en realidad, nunca se juega como se entrena.

Xabier Azkargorta profundizó en la esencia del

fútbol hasta proclamar algo mucho más completo y certero: «Se juega como se vive».

La afirmación del entrenador vasco da a entender que es la globalidad de la naturaleza humana la que se manifiesta durante el juego, y no solo la parte dedicada a la preparación.

Se juega como se vive implica que se involucran todos los factores que intervienen en el ser. En una primera acepción, deberíamos entender que al entrenamiento se le unen todas las restantes actividades que lleva a cabo el individuo que se vestirá de futbolista: su alimentación, su descanso, sus relaciones sociales, su estado de ánimo... Y, por ende, todo aquello que, externo a él, ejerza alguna influencia en el jugador. Algo así como el «yo soy yo y mis circunstancias» de Ortega y Gasset.

A José Manuel Moreno, el Charro, quizá el mejor futbolista de la historia de entre quienes no gozaron de un aura divina, los dirigentes de River Plate le prohibieron comerse su buen asado de cada domingo. Decían que llegaba gordo e hinchado a los partidos, pues, además, regaba el asado con un buen vino. Cierto día, Moreno hizo un esfuerzo homérico por cumplir con la prohibición: dejó de comer la amada carne, abandonó el vino y se presentó sobrio, fino y enérgico junto a sus compañeros de la Máquina de River... Sin embargo, a los pocos minutos de partido, se sintió sin fuerzas y su juego «se desmayó». Jugó el peor partido de su vida. Siete días más tarde, repitió la abstinencia, con idéntico resultado. Y aún un tercer domingo lo intentó, con el mismo desfallecimiento. Finalmente, los dirigentes se dieron cuenta de que habían atacado lo más esencial de la naturaleza de Moreno y le permitieron regresar a sus costumbres gastronómicas previas a los partidos. Y, sí, ahí resurgió el mejor Moreno de siempre, un toro, un felino, un prodigio técnico, motor y alma de la Máquina legendaria. Sencillamente, su naturaleza necesitaba del asado dominical...

Llegamos con ello al centro del asunto: no es posible jugar al fútbol en contra de la naturaleza del individuo.

«Dime cómo juegas y te diré quién eres», escribió Eduardo Galeano.

Cada individuo juega al fútbol según su idiosincrasia. Y, por descontado, cada pueblo juega según su manera de ser.

Los ingleses practicaban el juego directo porque sus primeros futbolistas fueron los nietos de quienes construyeron el Imperio británico, aquellos jinetes suicidas que protagonizaron la carga de la brigada ligera en Balaclava, al galope, espada en ristre y a pecho descubierto, y que acabaron todos ellos descuartizados por la artillería rusa. ¡Cómo no iban a ser los primeros futbolistas hechos a imagen y semejanza de sus héroes! Para el delantero inglés, cada ataque era una carga al galope, a vida o muerte. El imperio se había erigido a través de héroes solitarios, hijos del romanticismo, valientes sin tacha, guerreros sin mácula, abanderados del individualismo, protagonistas de hazañas que erizaban la piel, como reflejó lady Butler en sus pinturas de batallas o Tennyson en su celebérrimo poema:

> *Cañones a su derecha,*
> *cañones a su izquierda,*
> *cañones frente a ellos*
> *disparaban y rugían;*
> *azotados por balas y metralla,*
> *intrépidos cabalgaban,*
> *hacia las fauces de la Muerte,*
> *hacia la boca del infierno*
> *cabalgaban los seiscientos.**

Los escoceses, por el contrario, habían desarrollado comportamientos muy diferentes: en vez de priorizar el individualismo, tal como sus vecinos, promovieron la cooperación entre iguales y el asociacionismo,

---

* Alfred Tennyson, «La carga de la brigada ligera», Londres, *The Examiner*, 1854, III.

que en el ámbito laboral desembocó en el sindicalismo, mientras que en lo comercial se estableció en forma de cooperativas. De ahí que, cuando comenzaron a jugar, lo hicieran con el mismo espíritu colectivo, lo que se tradujo en el juego de pases, una manera especial de concebir el fútbol que marcó significativamente la historia de este deporte. Se asociaban en triángulos, subiendo la banda a través de pases entre los jugadores, participando todos al unísono de ese innovador ataque.

Los austriacos jugaban al fútbol como se vivía en la Viena de los años treinta, una ciudad heredera del alegre París de los felices veinte. Los vieneses llamaron a su estilo *Scheiberlspiel*, que debemos entender como «bailar un vals con el balón en los pies». Su forma de jugar entroncaba de lleno con la identidad vienesa, alegre, despreocupada y feliz, que por encima de todas las cosas daba prioridad a un baile, un buen vaso de riesling y muchos chistes de doble sentido. La afición abroncó al Wunderteam de Matthias Sindelar tras vencer por 5-1 a los suizos, sencillamente porque el juego no había sido divertido. Para ellos, la victoria era lo de menos. Lo esencial era jugar como se vivía.

Así podríamos seguir, tanto si pensamos en países distintos como en regiones o ciudades concretas. En todos los casos, cada pueblo juega según su manera de ser. En la ciudad cálida, se juega de un modo distinto que en el norte lluvioso; en la población portuaria se concibe el fútbol de una forma diferente que en las tierras de secano, en las playas brasileñas o en la estepa rusa. El clima, la orografía, el carácter y la personalidad, la riqueza o la pobreza, el espíritu de la época, las influencias exteriores, todo contribuye a construir un modo de ser que deviene en una forma de jugar peculiar y específica de cada zona y región.

Azkargorta engloba todo lo anterior cuando dice que «se juega como se vive». Habla de cómo vive el jugador y también de dónde lo hace, del entorno que habita, del contexto en que se encuentra. Nos dice que el Charro Moreno no podía jugar bien si antes no se comía el asado de los domingos, y también nos permite comprender que el Wunderteam austriaco solo fue posible a partir de la identidad vienesa, de su vals, de su vino y de su despreocupada vida.

El lector advertirá, por descontado, que el mundo ha cambiado con la globalización, que todo lo homogeneiza, que devora desde las identidades hasta el paisaje de las ciudades. Y lo mismo ha ocurrido en el fútbol, que ha ido perdiendo gran parte de sus estilos identitarios hasta conformar hoy en día un magma uniforme en el que casi nadie sabe quién es quién. Pero, aun así, y no hay mejor paradigma que el actual, se continúa jugando como se vive.

El pensamiento de Azkargorta se incrusta en aquellos fundamentos de los filósofos estoicos que promovían el conocimiento de uno mismo, la búsqueda de la autonomía y la autosuficiencia, y muy especialmente de la coherencia con la naturaleza racional de cada cual.

Para los estoicos, la naturaleza humana daba sentido a la vida. Para Xabier Azkargorta, esa misma naturaleza es la que da sentido al fútbol.

2

«A MÍ EL FÚTBOL ME GUSTA, QUIZÁ, MÁS QUE LA VIDA»

Ferenc Puskás

Se habla poco de la felicidad en el fútbol.

Pero la felicidad más pura se observa en el rostro de Garrincha cuando regatea o en el de Haaland cuando marca un gol.

Es la felicidad del niño que juega por amor al juego, que juega por jugar. Luego llegarán las consecuencias del regate y del gol, pero para ellos la felicidad no reside en esas consecuencias, sino en hacer aquello que les provoca la sonrisa más natural. El regate de Garrincha, el gol de Haaland…

Se habla poco de la felicidad en el fútbol, y aún menos de la inmortalidad, pero Puskás lo resume al estilo de santo Tomás, que dijo aquello de que «en esta vida se puede tener alguna participación de la bienaventuranza, pero no se puede tener la bienaventuranza perfecta y verdadera».*

Con su idea, Puskás se alinea en el tomismo, pues pretende prolongar el gozo futbolístico más allá de la propia vida. Podemos percibir que el húngaro era lo opuesto al nihilismo existencial. Hay algo que le hace tan feliz como la vida misma o incluso más. El fútbol le hace más feliz que vivir (quizá). Para Puskás, vivir tiene sentido porque juega al fútbol, lo que quizá rechazarían al unísono Nietzsche y Heidegger (o quizá no).

En el barrio de Kispet, a las afueras de Budapest, Puskás se forjó en los solares destruidos por la guerra. Jugaba en los *grunds*, que eran campitos de arena repletos de hoyos, intentando que sus balones de trapo no se perdieran en el cráter de alguna bomba perdida. Allí se hizo futbolista y aprendió a manejar el mejor pie izquierdo de la historia de este deporte (Maradona y Messi al margen). Se convirtió en alma y líder de los Mágicos Magiares que enamoraron al mundo en los años cincuenta y conquistaron Wembley en noviembre de 1953, lo que en términos futbolísticos fue muy parecido a lo que hiciera Neil Armstrong posando el pie humano sobre la Luna.

* Santo Tomás de Aquino, *Suma Teológica*, I-IIa, q. 5, a. 3.

En Wembley, en el partido del siglo, los húngaros encabezados por Puskás derrotaron por 3-6 a los ingleses, que aquella tarde del 25 de noviembre perdieron la imbatibilidad en su territorio y la aureola de invencibles que les otorgaba haber sido los pioneros del juego. Hay un momento de aquel encuentro en que Puskás detiene el tiempo. A dos metros de la portería inglesa, pisa el balón con su dulce pie izquierdo y burla el feroz *tackle* de Billy Wright, el capitán de los locales, al que envía al suelo con aquella finta tan simple. Y después marca gol, el tercero de su selección. No es el tanto lo que destaca en la acción, ni siquiera la casi ridícula caída de Wright, sino la sonrisa de Puskás con los dos brazos levantados al aire, casi avergonzado por la travesura que ha hecho.

Ha sido una locura; de ahí que, años más tarde, ya muy mayor y con los ojos llorosos, pronunciará una frase eterna: «A mí el fútbol me gusta, quizá, más que la vida. Para mí, es una locura».

En Wembley, en tierra sagrada, en la casa de los dioses, ha hecho una de esas diabluras locas que aprendió en los arenales de Kispet cuando era niño. Ha pisado el balón, lo ha escondido unos centímetros, ha enviado a Wright al infierno y ha congelado el reloj del estadio y encogido el espíritu de los espectadores. Puskás se ha convencido de que tiene un poder especial: el de detener el tiempo. Por eso sonríe con malicia.

Con la misma picardía se burlará de su gran amigo Di Stéfano tras la final de Glasgow en que el Real Madrid vence al Eintracht de Frankfurt (7-3). Puskás ha marcado cuatro de los siete goles, y Di Stéfano, los otros tres, pero conoce demasiado al argentino y sabe que reclamará el balón de la final europea sin importarle que el húngaro haya logrado un tanto más que él: «Alfredo y yo jugábamos a ver quién recogía el balón al final de los partidos. Estuve contando mentalmente el último minuto. Alfredo había hecho un triplete y sabía que, si podía, se lo llevaría».*

Intuitivo y listo, Puskás vuelve a detener el tiempo cuando se acerca a Di Stéfano y le dice: «¿Qué le parece que le demos el balón de la final al alemán que ha metido dos goles? Pobrecito, ya que ha perdido el partido, es lo menos que se puede hacer por él». Di Stéfano no advierte la triquiñuela, refunfuña, pero acaba accediendo y Erwin Stein se marcha de Hampden Park con el balón bajo el brazo, mientras Puskás vuelve a sonreír desde su inmortalidad.

Seguirá haciéndolo incluso cuando su tripa haya adquirido un tamaño desmesurado. Apenas se movía

---

* Ian Hawkey, *Di Stéfano. La historia completa*, Barcelona, Córner, 2017, p. 220.

en el campo, pero su pie continuaba deteniendo el tiempo detrás de esa eterna felicidad que le daba jugar al fútbol.

¿Te puede gustar algo más que la propia vida? Posiblemente, Aristóteles, quien creía que el fin último de la vida era la felicidad, le daría la razón a Puskás.

3

«EL FÚTBOL ES UN ESTADO DE ÁNIMO»

Jorge Valdano

La fe mueve montañas.

Y el entusiasmo.

El entusiasmo es el motor de la acción humana.

Winston Churchill estaba de acuerdo, no en vano afirmó, en el peor momento de la Segunda Guerra Mundial, cuando el Reino Unido acumulaba desastres: «El éxito es la capacidad de ir de fracaso en fracaso sin perder el entusiasmo».

Lo mismo cree H. W. Arnold cuando asegura que «la peor derrota en el mundo es la del hombre que pierde su entusiasmo. Si un hombre lo pierde todo en este mundo, salvo su entusiasmo, será capaz de volver a tener éxito».

La fe entusiasmada es una fe casi religiosa, de ahí

que el fútbol sea un juego que combina ambas cualidades por igual y en grandes dosis.

No hay plan estratégico, ni acciones tácticas, ni talento individual, ni técnica prodigiosa, ni físico descomunal que puedan enfrentarse al poder de una mente repleta de entusiasmo.

El fútbol ha vivido grandes prodigios que han girado el curso de su historia de forma inverosímil gracias al entusiasmo religioso de equipos que se han superado a sí mismos más allá de lo razonable y lo previsible.

El Uruguay de la semifinal olímpica de 1924 y el del Maracanazo; la Alemania de 1954 que venció contra todo pronóstico a los Mágicos Magiares; la Italia de Pozzo de 1938 que jugó la final contra Checoslovaquia con sus jugadores fundidos; las remontadas agónicas de la Alemania de Beckenbauer en Wembley o la de Müller en México; la prodigiosa prórroga del Manchester United de Matt Busby ante el Benfica o los goles *in extremis* de Sheringham y Solskjaer en el Camp Nou para amartillar al Bayern en el último segundo, lo que daría paso al *Fergie Time*; las milagrosas remontadas del Bernabéu, una tras otra tras otra, en un bucle que parece infinito; las no menos temibles del Manchester City para ganar ligas en los últimos minutos de los últimos partidos, cuando todo apuntaba a derrotas seguras… Y así miles de casos de superaciones que trascienden la razón.

«El corazón tiene razones que la razón no entiende», escribió Pascal.

La tesis ha mortificado a los filósofos desde tiempos inmemoriales: la razón contra el corazón, el intelecto frente a la emoción, el pensamiento y la pasión. Ya Aristóteles sostenía que las emociones eran la causa de ciertos cambios físicos que provocaban alteraciones fisiológicas. Es decir, la emoción genera cambios físicos que a su vez influyen de manera cierta en las acciones y sus rendimientos. Para bien o para mal, según el filósofo griego:

> Llamo pasiones al deseo (*epithymía*), la cólera, el temor, la audacia, la envidia, la alegría, el sentimiento amistoso, el odio, la añoranza, la emulación, la piedad, y en general a todas las afecciones a las que son concomitantes el placer o la pena.*

Jorge Valdano habló de «miedo escénico» para describir el espíritu intangible que recorre el estadio Bernabéu determinadas noches del año. Nadie sabe de dónde surge ese miedo porque ni siquiera es posible afirmar que nazca de las certezas. ¡Al contrario! A menudo, ha florecido a partir del propio miedo inter-

---

* Aristóteles, *Ética a Nicómaco*, Valencia, Diálogo, 2012, 1105b 20-23.

no de la afición y del equipo local, que parecían abocados al desastre, como Churchill en 1939, hasta que la fe entusiasmada y ciega, una locura colectiva que no parece tener explicación ni comprensión, salvo por la emoción generada, envolvía el ambiente con un manto alucinógeno que producía gestas impensables.

De ahí que Valdano dijera también que «el fútbol es un estado de ánimo». Una afirmación que no admite discusión alguna.

4

«EL FÚTBOL ES COMO LA VIDA, ESTÁ EN CONTINUO MOVIMIENTO»

Miljan Miljanić

El fútbol es un ser vivo en constante movimiento.

Si no avanzas, retrocedes. Si permaneces atado a unas ideas preconcebidas, la realidad del juego te superará.

¿Acaso hablamos del pensamiento pragmático?

Miljan Miljanić fue un hombre de ademanes sobrios que nunca desperdició el tiempo en retóricas. Cierta noche que su Real Madrid había perdido en Zaragoza por 6-1, sacó a relucir su carácter pragmático: «Más vale perder un partido por seis goles que seis partidos por un gol».

El pragmatismo es una corriente filosófica nacida en el siglo xix en Estados Unidos, a partir de las ideas de Charles Sanders Peirce y William James, quienes postularon que los criterios para aceptar las ideas son su utilidad, práctica y buen funcionamiento. Dijeron algo así como que una idea de algo es la idea de sus efectos sensibles, lo que no deja de ser el *aggiornamento* del «por sus hechos los conoceréis» que san Mateo recoge en el sermón de la montaña.

Miljanić era, pues, un pragmático de tomo y lomo, y probablemente por ello también poseía una clarividencia descomunal: «En el fútbol hay que mirar siempre hacia el futuro, prever lo que se avecina y adelantarte a los acontecimientos. El fútbol es como la vida, está en continuo movimiento. Lo que se hacía hace treinta años hoy ya no sirve».

Exactamente treinta años más tarde, recordé de manera palmaria la visión de Miljanić durante una cena con Pep Guardiola en Múnich, en la que dijo:

> Cuesta mucho darse cuenta, pero el fútbol cambia sin parar. El fútbol actual ya no es el de hace cuatro años, y mucho menos el de hace diez. Cambia constantemente y hay que actualizarse de manera permanente. No te puedes quedar quieto.*

---

* Martí Perarnau, *Pep Guardiola. La metamorfosis*, Barcelona, Córner, 2021, p. 458.

El fútbol está en movimiento continuo. Nadie juega dos veces el mismo partido, nadie cruza dos veces el mismo río. Heráclito y los pragmáticos como esencia del fútbol.

Apareció Heráclito, como cabía esperar, también apodado el Oscuro de Éfeso o el Filósofo Llorón, fascinantes sobrenombres. Heráclito interpretaba el mundo como un flujo constante: «panta rei», todo fluye. La vida es un cambio continuo y nada permanece estático o en su estado original: «En los mismos ríos entramos y no entramos, [pues] somos y no somos [los mismos]».*

Pese a la brillantez del aforismo, en general, Heráclito fue un filósofo confuso, contradictorio y de lenguaje denso. Timón de Filio consideraba que su vocabulario «enigmático» buscaba que solo los más inteligentes le comprendieran. Cicerón opinaba que sus palabras eran voluntariamente oscuras, con el propósito buscado de ser malentendido. ¡Ah, cómo nos recuerda a Cruyff y su célebre: «Si yo hubiera querido que me entendieras, me habría explicado mucho mejor»!

La mayoría de las ideas que conviven en el fútbol han surgido de la reflexión del entrenador, sea en solitario o compartida con otros técnicos. En cualquier

---

* Diels-Kranz, *Die Fragmente der Vorsokratiker*, Frankfurt, Weidmann'sche, 1992, 22 B12.

caso, dicha reflexión siempre ha tenido una inspiración previa, la que ha proporcionado un jugador al actuar. La acción ha originado la reflexión, y de ella ha nacido la idea que, como en un círculo perfecto, regresa formateada y pulida del entrenador al jugador para que este la lleve a cabo. Así es como ha evolucionado el juego. Y, por supuesto, siempre en silencio y con sigilo, como advertía Stefan Zweig que se crea todo lo grande.

El progreso en el fútbol no se da por casualidad, sino que es fruto de la acción de los humanos. Para Francisco Seirul·lo, la evolución surge porque «el jugador poco disciplinado —desde el punto de vista táctico— genera la curiosidad del entrenador. Si este posee una buena capacidad de observación y de reflexión y análisis, aprovechará la indisciplina táctica y la hará desembocar en una evolución concreta».*

Medio siglo antes, Carlos Peucelle, otro sabio de este deporte, ya había afirmado que «la disciplina en el fútbol no es rigidez, es elasticidad. Disciplina de la elasticidad».

Ningún futbolista puede jugar dos veces el mismo partido, porque ni el hombre ni el juego serán los mismos. Heráclito, Galileo, los pragmáticos, reunidos todos ellos en la idea de la voz de Miljanić.

* Martí Perarnau, *Pep Guardiola. La metamorfosis*, op. cit., p. 459.

5

«EL FÚTBOL ES MUCHO MÁS QUE UNA CUESTIÓN DE VIDA O MUERTE»

Bill Shankly

Edgar Morin ha sido un filósofo crucial en la evolución de la comprensión del fútbol. Su teoría sobre el pensamiento complejo ha permitido descifrar muchas interioridades del juego, gracias a la aplicación que de sus enseñanzas realizaron pensadores del deporte como Francisco Seirul·lo, Vítor Frade, Juan Manuel Lillo o Wolfgang Schöllhorn.

Sin embargo, antes de inspirar con sus ideas a toda una generación formada en las ciencias de la complejidad, Morin escribió un libro, el segundo de los noventa y cinco que ha publicado, titulado *El hombre y la muerte*. Apenas tenía veintisiete años cumplidos cuando abordó un tema que, por lo general, es cosa de mayores. «El hombre ha olvidado demasiado a la muerte», escribió el filósofo, quizá recordando que estuvo varias veces cerca de ella cuando pertenecía a la resistencia francesa que se enfrentó a los nazis.

Desde su juventud, Morin observa que la muerte distancia al ser humano del animal:

> Las ciencias del hombre no se ocupan nunca de la muerte. Se dan por satisfechas con reconocer al hombre como el animal del utensilio (*homo faber*), del cerebro (*homo sapiens*) y del lenguaje (*homo loquax*). Y, sin embargo, la especie humana es la única para la que la muerte está presente durante toda su vida, la única que acompaña a la muerte de un ritual funerario, la única que cree en la supervivencia o en la resurrección de los muertos. La muerte introduce entre el hombre y el animal una ruptura más sorprendente aún que el utensilio, el cerebro o el lenguaje.*

Años más tarde, Morin invirtió su tiempo en desarrollar el pensamiento complejo, que ha permitido elaborar potentes estudios que explican las entrañas

---

* Edgar Morin, *El hombre y la muerte*, Barcelona, Kairós, 1994, p. 9.

del fútbol. Los sistemas complejos y la teoría de sistemas dinámicos no lineales han hecho posible construir métodos de entrenamientos adecuados a la verdadera realidad del juego, en función de los patrones estudiados.

De la muerte al fútbol, curioso recorrido para este filósofo francés, todavía vivo, enérgico, prolífico, pese a cumplir ya más de una centena de años de vida.

Quizá el origen humilde de Bill Shankly, nacido en una familia numerosa de un pueblo minero, le dotó de un parecido sentimiento de trascendencia. Sin apenas recursos económicos, pues el sueldo de cartero de su padre casi no podía alimentar a sus diez hijos, su juventud fue tan precaria como podamos imaginar. «El hambre fue mi compañera durante toda mi infancia», desveló.

Robaba verduras de las granjas vecinas y todo cuanto podía de las tiendas que visitaba. Trabajó de minero y nunca olvidó la dureza del pico, las ratas que le acompañaban y la suciedad que se le quedaba pegada a manos y cuerpo.

El fútbol fue su tabla de salvación, pues le permitió salir de las minas y respirar aire puro. Sus cuatro hermanos mayores también fueron futbolistas.

No es extraño que concibiera el fútbol como lo más importante de la existencia. Al fin y al cabo, es lo que le había salvado de las ratas, el ahogo, la enfermedad pulmonar y las eternas uñas negras. De ahí que su pensamiento se elevara: «Algunos creen que el fútbol es solo una cuestión de vida o muerte, pero es algo mucho más importante que eso».

Vida o muerte, fútbol o mina.

El deporte como escapatoria, como método para subsistir con dignidad, como evasión emocional y física.

No sorprenderá al lector que una de las primeras crónicas que mencionaron a Shankly cuando comenzó a jugar de manera profesional le retratara del siguiente modo:

> Uno de los descubrimientos de esta temporada, Bill Shankly, jugó con una tenacidad poco común y unas ideas extraordinariamente buenas para un chaval de veinte años. Está lleno de buen fútbol y posee una energía ilimitada; debería llegar lejos.

Llegó tan lejos que su legado futbolístico trasciende su muerte.

La muerte es el acontecimiento esencial en la aventura humana, pensaba Martin Heidegger. El fútbol es el hecho fundamental de la vida humana, parafrasea Bill Shankly.

Al fin y al cabo, todos nos preguntamos un día u otro: ¿la vida es para vivir o es para morir?

Platón fue el primero en entender la filosofía no solo como una reflexión sobre el universo, sino como herramienta para hallar el sentido de la vida y de su punto final, la muerte.

Pensar, hablar, meditar sobre la muerte es pensar, hablar y meditar sobre la vida.

Para Hegel, la muerte es un paso natural en el devenir de la materia. Para Teilhard de Chardin, es una debilidad incurable de los seres corporales. Es como un océano donde confluyen todas nuestras vivencias. La muerte es el resumen, el punto omega.

El fútbol sería, por lo tanto, el punto alfa y todo su desarrollo posterior: escapatoria, ilusión, energía, movimiento, fuerza, propósito, pensamiento complejo, instinto, gol, celebración.

El fútbol es escapar de la mina y de las verduras robadas, es huir de las ratas y la suciedad, es correr sobre el verde, henchir los pulmones gritando un gol, festejar los triunfos, aceptar las derrotas.

Fútbol es vivir.

Fútbol es aceptar la vida y la muerte como son.

Epicuro afirmó:

> El más espantoso de todos los males, la muerte, no es nada para nosotros. Porque, mientras vivimos, no existe la muerte, y cuando la muerte existe, nosotros ya no somos. Por tanto, la muerte no existe ni para los

vivos ni para los muertos, porque para los unos no existe, y los otros ya no son.*

La muerte no es temible. Lo es más la vida.
Por ello, abracemos el fútbol, como nos propone Shankly.

---

* Epicuro, *Carta a Meneceo*, 92.

6

«JUGAR, JUGAR, JUGAR, JUGAR. JUGAR SIEMPRE. EN CUALQUIER SITIO. CON CUALQUIER COSA»

Helenio Herrera

Jugar es una cosa muy seria.

Cuando desembarcaban en un nuevo puerto, los marineros ingleses jugaban un partido de fútbol entre ellos.

Cuando fueron capturados cerca de Berlín, los soldados británicos se organizaron para jugar una liga de fútbol dentro del campo de prisioneros de Ruhleben.

Cuando llegó Navidad, las tropas alemanas y británicas decidieron dejar las armas para jugar un partido sobre el barro de la batalla.

Cuando emprendieron una larga travesía en barco

desde Montevideo, rumbo a los Juegos Olímpicos de París, los uruguayos jugaban partidillos sobre la cubierta del Desirade. Llegaron a Europa habiendo regado el océano de balones.

En todas partes del mundo, una pelota de trapo ha sido el centro del juego entre millones de niños. Desde los *muds* de Budapest a los potreros argentinos, desde las playas brasileñas a las praderas escocesas.

El hombre siempre ha querido jugar, tal como dijo un experto en naturaleza humana como Helenio Herrera, de quien se recuerdan sus exabruptos, pero se olvidan sus sabias reflexiones: «Hay una regla de oro para todo futuro jugador de fútbol: jugar, jugar, jugar, jugar. Jugar siempre. En cualquier sitio. Con cualquier cosa».

Un siglo atrás, el filósofo neerlandés Johan Huizinga publicó *Homo ludens*, que Ortega y Gasset definió como «egregio libro». La obra es de tal magnitud que aún no ha sido superada ni mejorada. Huizinga concibe el juego al mismo nivel que la reflexión y el trabajo, por lo que al *homo sapiens* y al *homo faber* le suma este *homo ludens* que completa las funciones esenciales del ser humano.

Si bien reconoce que «en nuestra conciencia, el juego se opone a lo serio», de inmediato explica que «mirada más al pormenor, esta oposición no se presenta ni unívoca ni fija. Podemos decir: el juego es lo no serio». Y afirma con firmeza: «La risa se halla en cierta oposición con la seriedad, pero de ningún modo hay que vincularla necesariamente al juego. Los niños, los jugadores de fútbol y los de ajedrez juegan con la más profunda seriedad y no sienten la menor inclinación a reír».

Dante Panzeri, que no fue filósofo, pero sí periodista raro, pues jamás se doblegó ante el poder y reflexionó mucho más que pontificó, nos dijo que «el juego es libre, es libertad».

El juego, en su aspecto, es una acción libre ejecutada «como si» y sentida como situada fuera de la vida corriente, pero que, a pesar de todo, puede absorber por completo al jugador, sin que haya en ella ningún interés material ni se obtenga de ella provecho alguno, que se ejecuta dentro de un determinado tiempo y de un determinado espacio, que se desarrolla en un orden sometido a reglas y que da origen a asociaciones que propenden a rodearse de misterio o a disfrazarse para destacarse en el mundo habitual.

Entre la fiesta y el juego existen, por la naturaleza de las cosas, las más estrechas relaciones.

El juego es una lucha por algo o una representación de algo. Ambas funciones pueden fundirse de suerte que el juego represente una lucha por algo o sea una pugna para ver quién reproduce mejor ese algo.*

Helenio Herrera, buen defensa y magnífico entrenador, entendía el juego como la base sobre la que se erige la competitividad deportiva y también como el instrumento que permite el perfeccionamiento individual:

> Hay quien nace fuera de serie porque la madre naturaleza le ha dotado de un sexto sentido que, a los diez años, le permite controlar y dominar la pelota con la propiedad de un artista. El que nace normal, pero lleva dentro el gusanillo, la vocación, con el tiempo podrá competir con los genios trabajando con voluntad, copiando en un principio aquello que el fuera de serie realiza con absoluta espontaneidad.
>
> Ocurre en cualquier actividad. Incluso en la escuela o en la universidad: a unos les basta oír la explicación del profesor para aprender una lección, en tanto que otros necesitarán después horas de estudio.
>
> El resultado final es el mismo para unos y para otros: todos sabrán perfectamente la lección.**

* Dante Panzeri, *Fútbol. Dinámica de lo impensado*, Madrid, Capitán Swing, 2011, p. 47.
** Helenio Herrera, *Los secretos del fútbol*, Barcelona, Marc Ediciones, 1982, p. 12.

Jugar está relacionado con la expansión vital y con la expresión de las energías personales. Jugar es ser y sentirse libre, genera experiencias que nos ofrecen una dimensión más ajustada de nuestra realidad y nos aproxima a la competencia, como bien apuntó Panzeri:

> El concepto de «ganar» guarda estrechísima relación con el juego. ¿Qué quiere decir «ganar»? ¿Qué es lo que se gana? Ganar quiere decir: mostrarse, en el desenlace de un juego, superior a otro. Pero la validez de esta superioridad patentizada propende a convertirse en una superioridad en general. Y, con esto, vemos que se ha ganado algo más que el juego mismo. Se ha ganado prestigio, honor, y este prestigio y honor benefician a todo el grupo al que pertenece el ganador. Lo primario es la exigencia de exceder a los demás, de ser el primero y verse honrado como tal.*

Carlos Peucelle se inspiró en Atahualpa Yupanqui para afirmar:

> *El juego no pasa por la ciencia.*
> *El juego viene del arte.*

---

* Dante Panzeri, *op. cit.*, p. 48.

Ciencia es lo que requiere del maestro.
Arte es lo que sale del alumno.

Maradona jugando con una naranja durante el calentamiento de un partido.

Cruyff y Beckenbauer diciendo a los suyos: «Salid y jugad. Salid y disfrutad».

Jugar es la piedra angular del fútbol.

7

«YO ME EQUIVOQUÉ Y PAGUÉ, PERO LA PELOTA NO SE MANCHA»

Diego Armando Maradona

Hace años que Diego ha dejado de jugar, pero aún se siente futbolista. Hoy cuelga las botas en la Bombonera.

Le rodean un montón de futbolistas amigos, de Pelé a Valderrama, de Higuita a Stoichkov. El estadio revienta aplaudiendo a su ídolo. Boca en llamas. Diego en lágrimas. Su aspecto exterior ya no es el del futbolista maravilloso, sino que, inevitablemente, recuerda al último Puskás. La camiseta demasiado grande no puede ocultar el exceso de kilos, el exceso de excesos.

Diego se abraza a sí mismo. Se abraza fuerte, como si le doliera el alma. En el adiós pronuncia sus palabras más lúcidas: «El fútbol es el deporte más lindo y más sano del mundo. Eso no le quepa la menor duda a nadie. Porque se equivoque uno, no tiene que pagar el fútbol. Yo me equivoqué y pagué, pero la pelota no se mancha».

La pelota y la culpa, he ahí el mundo de Maradona.

Cicerón habría comprendido a la perfección la angustia vital de Diego: «Ojalá pudiéramos vivir sin culpa, encontrar un momento en nuestras vidas en el que la culpa no esté presente».

Este fue el deseo perpetuo de Maradona desde que comenzó a jugar: huir.

Huir de Villa Fiorito, huir de la pobreza, huir del barro, huir de los halagos infinitos, huir de la gloria, huir del dinero, huir de todo, huir de sí mismo. Huir de la culpa eterna del ser humano.

Diego huía mientras conducía el balón por meandros que solo él podía transitar.

Una pelota de trapo era su antídoto contra la culpa original que surgía de su interior, ironía aguda para un hombre que no tenía culpa de nada, salvo de administrar sin mesura su talento inmenso.

Dieguito fue un hedonista pantagruélico que ocultaba en su interior a un estoico que nunca salió a la luz.

«Decide lo que quieres ser y luego haz lo que tienes que hacer».

La afirmación de Epicteto se ajusta como un guante al perfil de Maradona. Quiso ser el más grande y lo fue. Quiso ser y lo hizo. Sin más. De ahí que la pelota fuese su alma exterior.

Diego llegó a decir cierta noche, posiblemente en otra de sus legendarias exageraciones: «Si estuviera en una boda, vestido de blanco, y llegara una pelota llena de barro, no dudaría en pararla con el pecho». Esta fue su filosofía de vida. Una pelota llena de barro. La pelota no se mancha y tampoco mancha, aunque pueda parecerlo. La pelota es su alma limpia de culpa, la pelota no deja huella en el vestido blanco, la pelota no ensucia. Al contrario, la pelota quita las culpas.

Diego sentía la culpa como propia, tanto si era culpable como si no. Advertía que su conducta era mala, se responsabilizaba por ello y su autoestima moral se resentía. Por un gol fallado, por una nueva dosis consumida, por un engaño, por una estafa, por tener demasiado habiendo tenido nada, por cualquier cosa. Para Diego, la culpa era como un hermano gemelo que dormía a su lado.

Si Nietzsche creía que la culpa procede de «tener una deuda» con algo o con alguien, Maradona era profundamente nietzscheano: se sentía en deuda con el mundo.

Y, en su final, también con la pelota.

«Yo me equivoqué y pagué» es el reconocimiento de la culpa, la asunción de la responsabilidad y la penitencia abonada.

«Pero la pelota no se mancha». La pelota es su alma, es su espíritu, es su guía. La pelota no tiene culpa, es pura, no ensucia el vestido blanco.

Diego se abraza fuerte. Rodeado de miles de amigos y hermanos, está solo.

Él y la pelota. La culpa y la redención.

8

«JUGAR CONTRA MARADONA ES COMO JUGAR CONTRA EL TIEMPO PORQUE SABES QUE, TARDE O TEMPRANO, MARCARÁ O HARÁ MARCAR»

Arrigo Sacchi

Ninguno de los miles de elogios que recibió el divino Maradona puede equipararse ni por asomo a la colosal metáfora inventada por Arrigo Sacchi, que le comparó con el tiempo, ese colosal vector de la vida en el universo, el más importante de cuantos existen.

El tiempo, ese gran escultor, en versos de Marguerite Yourcenar, ha ocupado la mente de los filósofos desde la Antigüedad, al igual que la de los deportistas.

La georgiana Rona Yakovlevna Avinezar era una mujer de personalidad fascinante. Morena, de baja estatura y elegante, era traductora profesional de inglés. En 1951 se casó con Tigran Petrosian, un buen ajedrecista, maestro del juego posicional, que doce años más tarde se proclamó campeón del mundo, lo que no habría sido posible sin el apoyo fervoroso y constante de su esposa, que se convirtió en consejera y prácticamente guardaespaldas. Su presencia en los torneos no fue anecdótica, pues una personalidad arrebatadora le impulsaba a realizar intervenciones sorprendentes, como la vez en que le sopló al oído un movimiento decisivo al yugoslavo Kovacević que le permitió derrotar a Bobby Fischer.

El momento más celebrado de Rona Petrosian ocurrió la noche del 9 de noviembre de 1985 en Moscú. Garry Kaspárov acababa de ganar la vigesimocuarta partida de su duelo contra Anatoli Kárpov. Habían sido veinticuatro feroces batallas y el joven Kaspárov, símbolo de la perestroika que lideraba Mijaíl Gorbachov, había derrotado al *establishment* soviético, coronándose campeón mundial. En el majestuoso salón del Tchaikovsky Concert Hall, Kaspárov recibía abrumadoras felicitaciones, hasta que de pronto se quedó helado, el rostro lívido...

En medio del jolgorio, entre besos, flores y abrazos, Rona Petrosian se había acercado sigilosamente al brillante ganador y con apenas un susurro le había dicho al oído: «Lo siento por ti, Garry. El día más grande de tu vida ya ha pasado».

Kaspárov jamás olvidó el jarro de agua fría que recibió en la noche de su mayor triunfo, un comentario que habría suscrito Galileo Galilei, quien creía que «solo cuenta el tiempo que te queda por vivir, no el pasado».

La filosofía se ha ocupado de pensar a fondo sobre lo que Rona Petrosian le soltó a Kaspárov.

«El tiempo es una ilusión», afirmó Parménides.

«El tiempo es una medida móvil de la eternidad», dijo Platón.

«El tiempo es un círculo plano», aseguró Nietzsche.

Todos ellos hubieran coincidido con Arrigo Sacchi en que el tiempo se detenía cuando Maradona armaba la pierna izquierda para convertir el fútbol en un juego malabar de pronóstico irrefutable. El tiempo no es absoluto, dijo Einstein, pero Maradona refutaba la teoría de la relatividad en cada finta y en cada remate, hasta el punto de transformar el tiempo en un sencillo trámite antes de la ejecución sumaria. Con el balón en su pie izquierdo, Diego convirtió el tiempo en una simple excusa para marcar goles.

Sacchi, hombre culto y severo, sabía, como Stephen Hawking, que «el tiempo fluye como un río, a diferentes velocidades en diversos lugares, y esa es la clave para viajar al futuro». Cuando jugaba contra un equipo de Maradona, Sacchi sabía viajar al futuro y comprender con antelación qué ocurriría cuando «Dios» se hiciera con el esférico, de ahí que conjugara una de las frases más inteligentes que se han pronunciado jamás en el mundo del fútbol: «Jugar contra Maradona es como jugar contra el tiempo».

El tiempo es un elemento siempre presente y vivo en el fútbol y en la filosofía. Un gran pensador del fútbol como Juan Manuel Lillo nos dijo: «Estamos hechos de tiempo. Solo somos tiempo». Un gran humanista que pensaba como el mejor, José Luis Sampedro, aseguró: «El tiempo no es oro, el tiempo es vida». Ambos admiraban a Maradona, dueño y señor del tiempo en el fútbol.

La cosmología filosófica ha tratado la naturaleza del tiempo desde todos los ángulos. El gran debate secular ha consistido en pensar si el tiempo es una entidad real y objetiva, si es realmente algo o no lo es.

«El tiempo no puede tener un comienzo», pensaba Aristóteles.

Para Kant, «el tiempo es un conocimiento fundamental *a priori*». Un conocimiento que se halla en la base de todos los demás conocimientos y que es imposible abstraer o eliminar de ellos.

Para Hawking, «la teoría de la relatividad elimina el concepto de un tiempo absoluto. Consideremos un par de gemelos. Supongamos que uno de ellos se va a vivir a la cima de una montaña, mientras que el otro permanece al nivel del mar. El primer gemelo envejecerá más rápidamente que el segundo. Así, si volvieran a encontrarse, uno sería más viejo que el otro. En este caso, la diferencia sería muy pequeña, pero resultaría mucho mayor si uno de los gemelos se fuera de viaje en una nave espacial a una velocidad cercana a la de la luz. Cuando volviera, sería mucho más joven que el que se quedó en la Tierra. Esto se conoce como la paradoja de los gemelos, pero es solo una paradoja si uno tiene metida siempre en la cabeza la idea de un tiempo absoluto. En la teoría de la relatividad no existe un tiempo absoluto único, sino que cada individuo posee su propia medida personal del tiempo, medida que depende de dónde está y de cómo se mueve».*

Garry Kaspárov, quien desde la advertencia de Rona Petrosian jamás volvió a sonreír, cenó en Nueva York con Pep Guardiola a finales de 2012 y le dio un único consejo: «El tiempo, Pep, tu enemigo es el tiempo».**

Sacchi y el irremediable paso del tiempo cuando se enfrentaba a Maradona me recuerdan a aquella escena cinematográfica filmada por Sam Peckinpah en la

---

* Stephen Hawking, *Historia del tiempo*, Barcelona, Drakontos, 1999, pp. 55-56.
** Martí Perarnau, *Pep Guardiola. La metamorfosis*, op. cit., p. 469.

que el antaño forajido y ahora sheriff Pat Garrett detiene al peligroso bandido Billy el Niño. Le dice: «Los tiempos cambian, Billy...». Y Billy, consciente de que se halla en una situación tan delicada que probablemente acabará en tragedia, responde a quien fue su compañero de robos y atracos: «No, los tiempos no cambian, Pat... Cambiamos nosotros».

9

«SIEMPRE JUEGO COMO SI FUESE EL ÚLTIMO PARTIDO DE MI VIDA. NO HAY TIEMPO DE ARREPENTIRSE»

Paul Gascoigne

El arrepentimiento agustiniano se enmarca en la dinámica cristiana del pecado y el perdón. Puesto que pecaste, arrepiéntete.

San Agustín lo afirma con rotundidad en su decimonoveno sermón:

> El pecado, hermanos, no puede quedar impune; sería una injusticia. Sin duda alguna, ha de ser castigado. Esto es lo que te dice tu Dios: «El pecado debe ser castigado o por ti o por mí». El pecado lo castiga o el hombre cuando se arrepiente, o Dios cuando lo juzga; o lo castigas tú sin ti o Dios contigo. Pues ¿qué es el

arrepentimiento, sino la ira contra uno mismo? El que se arrepiente se aíra contra sí mismo.

No siempre se ha entendido de esta manera.

El pecado, por ejemplo, no poseía para los griegos esta connotación religiosa. Para ellos, la *hamartia* (pecado) definía el error del lanzador de flechas. Significaba errar en la diana, fallar el objetivo. Un pecado era un error.

Los romanos lo definieron con el término *peccātum*, entendido como tropiezo o equivocación. Un *peccātum* no suponía un problema de culpa, sino de honor.

Incluso los hebreos empleaban el término *jattá'th*, interpretado como yerro. Equivalía a no conseguir el propósito, la meta, el objetivo propuesto.

Estas tres culturas, no precisamente menores, entendían el pecado como un error y, de ahí, el arrepentimiento como una corrección que realizar para alcanzar el propósito buscado.

Si lo trasladáramos a la actualidad, veríamos a un entrenador corrigiendo los «pecados» de su jugador mediante el visionado de imágenes y la realización de ejercicios específicos.

Es la religión cristiana la que introduce el concepto de transgresión de la voluntad de Dios por parte del hombre. Ya no estamos frente a un error por corregir, sino ante un delito moral del que arrepentirse.

La corrección se torna castigo.

Filósofos posteriores intentaron matizar la concepción religiosa del arrepentimiento.

Baruch Spinoza considera que «el arrepentimiento no es una virtud, o sea, no nace de la razón; el que se arrepiente de lo que ha hecho es dos veces miserable o impotente».*

Michel de Montaigne no andaba lejos de una tesis similar: «El arrepentimiento es un desdecirnos de nuestra voluntad y una oposición de nuestras fantasías».**

Y aún más duro fue Nietzsche en *La voluntad de poder*:

> Contra el remordimiento. No me gusta esta forma de cobardía con respecto a las propias acciones; no hay que abandonarse a uno mismo bajo la presión de la vergüenza o la angustia repentinas. Un orgullo extremo es mucho más apropiado aquí. ¡Qué importa al final! Ninguna acción se deshace porque se la lamente, ni más que porque sea «perdonada» o «expiada».

---

* Baruch Spinoza, *Ética demostrada según el orden geométrico*, Madrid, Tecnos, 2007, p. 318.

** Michel de Montaigne, *Ensayos completos*, Barcelona, Acantilado, 2021, p. 785.

Gascoigne introduce otro elemento en su reflexión sobre el arrepentimiento: el tiempo. «No hay tiempo de arrepentirse», dice aquel que cometió todos los pecados posibles, entendidos como errar en el objetivo, fallar en la diana y tropezar en el camino.

Por esta razón, porque no tiene tiempo, porque su tiempo se agota, «siempre juego como si fuese el último partido de mi vida».

¿Por qué no tiene tiempo el futbolista Gascoigne? Porque lo ha gastado persiguiendo objetivos ante los que ha tropezado. Su vida es un sinfín de resbalones que le impiden dar en el blanco, pese a su gigantesco talento. Para los griegos, sería alguien que peca de forma constante. Pero su limitado tiempo se agota inexorablemente tras cada nuevo tropiezo.

Escribió Marco Aurelio, el emperador estoico: «El tiempo es un río, una violenta corriente de acontecimientos, vislumbrados una vez y ya arrastrados por nosotros».

Como Tolstói, Gascoigne siente que «el tiempo que nos queda por vivir es más importante que todos los años que hemos vivido», pero cuanto más acelera para aprovechar lo que le queda, más tropieza y se angustia.

En otro requiebro de su mente, el futbolista afirma: «No importa de dónde vengas, lo que importa es dónde quieres llegar».

Otra señal de la angustia vital que le corroe.

Quizá si hubiese leído a Baltasar Gracián se sentiría aliviado: «Lo único que realmente nos pertenece es el tiempo. Incluso aquel que nada tiene lo posee».

Si Gascoigne se hubiera alineado con los griegos, habría sido más benevolente consigo mismo. En vez de culpa, habría entendido cada pecado como un tropiezo que corregir. Quizá se habría regalado algo más de tiempo a sí mismo. Y, de rebote, a todos nosotros para gozar de su talento.

10

«SALID Y JUGAD COMO SABÉIS»
Hugo Meisl

El primer entrenador que les pidió a sus jugadores que saltasen al campo con el propósito de ser alegres y felices fue Hugo Meisl, lo que es sorprendente pues se trataba de un tipo huraño, exigente al máximo, poco amante de los elogios y propenso a castigar a cualquier futbolista que hubiera cometido un error durante el partido.

Meisl era un hombre de armas tomar. Un vienés cultivado y erudito que había abandonado el rigor bancario que su padre intentó imponerle y que tampoco había abrazado la dulce vida que podía disfrutarse en la capital austriaca durante los años veinte. Meisl era sobrio, serio y terco. Odiaba las florituras en el fútbol, despreciaba las filigranas y aborrecía los errores.

Era seleccionador de Austria desde 1910, aunque,

de hecho, ni siquiera era entrenador. Todo lo que sabía del juego lo había aprendido de Jimmy Hogan, a quien tuvo como ayudante técnico durante varias etapas. Hogan sí sabía. Fue el primer entrenador del mundo en desarrollar una metodología de perfeccionamiento técnico del jugador. Fue el inventor del rondo.

Meisl poseía una cualidad innata: sabía descubrir jóvenes talentos entre los modestos clubes vieneses. Los fines de semana se pateaba la ciudad en busca del delantero audaz o el defensa aguerrido, y ofrecía oportunidades de progreso a cualquiera que destacara por encima de la media. Para ello usaba la selección austriaca o, en su defecto, la vienesa, que eran prácticamente lo mismo. Por sus manos pasaron centenares de seleccionados durante los veinticinco años que reinó sobre el fútbol del país.

Espíritu inquieto, fue pionero en organizar competiciones internacionales. Inventó la Copa Mitropa, la primera Copa de Europa de clubes, reservada para las naciones centroeuropeas; y también la Copa Svehla, para selecciones nacionales, más tarde rebautizada como Copa Dr. Gerö, luego Eurocopa de Naciones. Pero su mayor obra fue la creación del Wunderteam, el «equipo maravilla», una prodigiosa máquina de jugar al fútbol bailando un vals.

El Wunderteam nació en 1931..., a pesar de Meisl. Fue gracias al empeño de un grupo de periodistas y exjugadores vieneses encabezados por Max Johann Leuthe, quienes lograron doblegar y convencer al seleccionador para que juntase a los futbolistas que mejor sintonizaban entre sí. Dos años atrás, Meisl se había enfadado con Matthias Sindelar, el mejor entre los mejores, porque el delantero había rebatido en público sus opiniones.

Ocurrió en el tren que llevó a la selección desde Núremberg hasta Viena una fría noche de enero de 1929. La selección había sido barrida por su homóloga de Süddeutschland por 5-0 sobre un terreno de juego con dos dedos de hielo. Los bailarines vieneses se habían ahogado en aquella superficie helada y Meisl aprovechó las quince horas de viaje en tren para criticar uno por uno a sus hombres, reprochando que habían pretendido jugar dando pases sobre el hielo. El gran periodista inglés Brian Glanville describió así ese tétrico viaje: «Meisl y sus jugadores discutieron sin cesar, durante quince horas, sobre si debían abandonar el juego escocés y sustituirlo por métodos más directos y contundentes».

Por suerte para el fútbol austriaco, finalmente decidieron que no debían hacerlo. Sin embargo, Matthias Sindelar fue más lejos y atacó duramente los criterios de Meisl. En *boarisch*, la lengua austrobávara, dijo: «Wissen S', Herr Hugo, warum mia ned g'wonnen haben? Mia hätt'n no mehr, scheiberln' müssen». Es decir: «¿Sabe usted, señor Hugo, por qué no hemos ganado hoy? Deberíamos haber hecho más *Scheiberlspiel*».

El *Scheiberlspiel* es como se conocía al estilo vienés de juego. Jugarlo era bailar un vals con el balón en los pies. Era un rasgo nítidamente vienés, que entroncaba con la identidad local, con su espíritu feliz y alegre, con su peculiar sentido del humor, con el *Wiener Schmäh* («encanto vienés»).

La reivindicación de Sindelar evitó que Meisl acabara con el *Scheiberlspiel* como estilo de juego, pero conllevó un largo castigo para el jugador. Meisl soltó una frase lapidaria al llegar a la sede de la federación: «¡Nunca más Sindelar y Gschweidl juntos!».

Y durante los dos siguientes años, Gschweidl heredó la camiseta número 9 de la selección y Sindelar no fue convocado.

Hasta que, finalmente, los periodistas que se reunían con Meisl en las tertulias del Ring-Café lograron torcer el brazo de aquel terco seleccionador. Una de las críticas más ácidas de los agudos analistas fue que llevaba cinco años sin ser capaz de alinear el mismo equipo dos partidos seguidos. La otra fue que no podía prescindir de un talento inmenso como el de Sindelar. Y, en mayo de 1931, en vísperas de la llegada de la gran selección de Escocia, la inventora del legendario juego de pases que popularizaron de inmediato

Uruguay, Hungría y la propia Austria, los periodistas condujeron a Meisl a un callejón sin salida, hasta que arrojó la toalla. Lo hizo en forma de papel arrugado, que lanzó sobre una mesa del Ring-Café con cierto desdén: «¡Bueno, ahora veréis cómo luce vuestro equipo! ¡Ahí tenéis a vuestro equipo de manchas!».

El «equipo de manchas» o *Schmieranskiteam* fue el modo con que Meisl resumió las presiones de los periodistas, de los plumillas (los *Federfuchser*), que en aquella época tenían siempre la ropa manchada a causa de la tinta con que se imprimían sus periódicos. Claro está, en aquella selección que Meisl convocó contra su voluntad volvía a aparecer Matthias Sindelar. Y otra vez, formando pareja de ataque con Fritz Gschweidl. El seleccionador se había comido sus palabras.

A las 17.45 horas del sábado 16 de mayo de 1931, Meisl pronunció una breve frase en el vestuario del estadio: «Geht's raus und spielt's euer Spiel» («Salid y jugad como sabéis»). Todos los presentes comprendieron que el mensaje iba dirigido especialmente a Sindelar. Era la aceptación del *Scheiberlspiel* como estilo de juego local, justo el día en que se enfrentaban a los padres inventores del estilo de pases. Era la conversión final a una manera de jugar estrechamente unida con la sociedad vienesa, como bien definió el crítico teatral Hans Weigel: «¿Marcar goles? No, eso es demasiado directo para nosotros».

Así era. Los vieneses preferían un regate, una finta, dos buenos pases o un centro delicioso antes que la abundancia de goles. Los vieneses entendían el fútbol como un arte, no como un propósito.

De ahí que Meisl, finalmente, conectara con el pálpito de la sociedad y les dijera a sus hombres: «Salid y jugad como sabéis».

Ganaron por 5-0 a los escoceses, en lo que fue un cataclismo que enterró para siempre el fútbol de los pioneros británicos. Sin descanso, los austriacos vencieron por 0-6 a los alemanes en Berlín y encadenaron un sinfín de triunfos apoteósicos, pero, sobre todo, unas exhibiciones de juego que maravillaron al mundo hasta convertir aquel patito feo lleno de manchas en el esplendoroso e histórico Wunderteam.

Sindelar, por descontado, se catapultó como el Mozart del fútbol, el Fred Astaire de los delanteros, el Hombre de Papel, según un apodo confuso, pues se ha querido creer que era un jugador frágil, cuando, en realidad, era un hombre robusto. Se le llamó así porque «parecía bailar con el balón entre los adversarios como una hoja de papel al viento», en feliz definición de Bueno y Mateo.*

Uno de los mejores falsos nueve de la historia, rei-

---

* J. A. Bueno y Miguel Ángel Mateo, *Historia del fútbol*, Madrid, EDAF, 2010, p. 71.

vindicado por su áspero seleccionador al grito de «jugad como sabéis».

Sesenta y un años más tarde, otro genio, flaco pero recio, listo y audaz, reunió a sus jugadores en la puerta del vestuario de Wembley y les dijo una frase que exorcizó sus demonios: «Salid y disfrutad».

Tiempo después, Cruyff explicaría que antes de aquella final europea de 1992 «se notaba un poco de miedo; era normal. Por eso les insistí en que debían ser fieles a su calidad, hacer nuestro fútbol. También les dije que era posible que muchos no volvieran a tener la oportunidad de jugar un partido de ese nivel y que, por tanto, debían disfrutarlo, no sufrirlo. Si a esto no disfrutas, no juegas. Si no juegas, es más difícil que ganes. Está claro».

Meisl, Sindelar, Cruyff... La naturaleza del jugador como eje central del juego. Ser lo que uno es. Toda una filosofía de vida.

11

«EL CARÁCTER DE UN EQUIPO ES EL CARÁCTER DE SU ENTRENADOR»

Pep Guardiola

Llueve en Múnich. Lo hace con suavidad, pero de manera terca.

Es el último entrenamiento que Guardiola dirige en la ciudad deportiva del Bayern. Se va a Mánchester, donde llueve exactamente igual que en Múnich: una media de ocho días al mes.

Por ser su último día, Pep recoge personalmente los balones que se han utilizado en el entrenamiento. Uno por uno los coloca en una saca y los lleva hacia el almacén. Camina lento, como si las pelotas fuesen de hierro. No hace falta ser muy perspicaz para darse cuenta de que la nostalgia le invade y que no tiene prisa por marcharse.

Ha sido muy feliz en Múnich. Tres años de grandes batallas futbolísticas durante los que ha consolidado el gran equipo que heredó de Jupp Heynckes. Ha ganado tres ligas consecutivas, ha jugado como los ángeles y deja un legado formidable, aunque también se va con la tristeza de no haber alcanzado otra final de la Champions League.

Hablando de finales, dentro de dos días disputará en Berlín la Copa de Alemania, su última competición al frente del Bayern.

Está solo, arrastrando los balones con melancolía, empapado por la tierna llovizna. Aprovecho la ocasión, me acerco a él y le recuerdo que llega el momento del adiós. Entonces, dice algo que lleva días rumiando: «El carácter de un equipo es el carácter de su entrenador».

Caramba... Guardiola parafraseando a Heráclito, el filósofo presocrático que, al afirmar que «el carácter es para el hombre su destino», describió lo que es el *daimón*, el principio guía que conforma tu vida.*

Al instante brota la melancolía que ya empieza a sentir, lo que facilita que Pep se explaye en la idea: «Cuando yo estoy blando, entrenamos blando. Cuando estoy intenso y corrijo y animo y meto broncas, el equipo va a tope. ¡Este es mi gran reto! ¡No aflojar

---

* Heráclito, B119.

nunca! Pase lo que pase. Me encuentre como me encuentre íntimamente. Es el gran reto. Si en el deporte de alta competición vas al noventa y nueve por ciento, ya no vas bien, te falta un punto, un pequeño detalle y lo pagas. Es básico no aflojar nunca, siempre a tope...».

Vince Lombardi lo expresó de otra manera: «Los ganadores nunca se rinden, y los que se rinden nunca ganan».

Flemático, colérico, apasionado, sentimental, nervioso... En Guardiola se reúnen muchos de los rasgos del carácter humano, complementarios y al mismo tiempo contradictorios, no en vano carácter es temperamento más instinto, es comportamiento, pensamiento y emoción: «Por ejemplo, a mí me molesta que me critiquen, pero, por otra parte, eso me excita mucho y me mantiene despierto, con lo que bienvenidas las críticas de periodistas o de expertos. Decía Michael Jordan que, si no tienes enemigos, te los tienes que crear. Y tenía razón. En el deporte necesitas estar siempre agitado y tenso, nunca satisfecho y colmado. Lo que mantiene el equilibrio de los cuerpos es la agitación y no el relax. Por eso hay que estar siempre tenso. Por eso un entrenador ha de intentar que los jugadores no se relajen nunca...».

Pep entra en el vestuario y suelta los balones. Hoy, 19 de mayo de 2016, su trabajo en Múnich ha terminado. Solo queda un esfuerzo más, la última final en Berlín. Durante tres años ha exprimido al máximo a sus hombres; toda una muestra de exigencia. «Si yo me relajo, el equipo se relaja», dice mientras se va a la ducha.

Dos días más tarde solloza como un niño celebrando un nuevo título. Sus jugadores le abrazan y le besan en la noche del adiós. Sobre el Estadio Olímpico de Berlín, el capitán Philipp Lahm le ruega que suba a recoger el trofeo de campeón de Copa:

—Pep, recoges tú la copa.

—No, no, Philipp, es tuya, es del equipo.

—Pep, es nuestra. La recoges tú.*

Horas más tarde, brindando con champán, Guardiola cierra su etapa alemana con una reflexión final: «El mayor premio para un entrenador es lo que finalmente sienten los jugadores por él».

* Martí Perarnau, *Pep Guardiola. La metamorfosis, op. cit.,* p. 214.

12

«HAY DOS TIPOS DE ENTRENADORES: LOS QUE NO HACEN NADA Y LOS QUE HACEN MUCHO DAÑO»

Carlo Ancelotti

Bajo la máscara de un hombre que masca un chicle infinito se esconde un taoísta con cejas.

Para Carlo Ancelotti, el dilema de la vida es muy simple: siempre es mejor menos que más, siempre es más eficaz esperar que precipitarse, siempre es mejor «no hacer nada». Este último es su gran precepto.

La filosofía taoísta entiende que el universo funciona de manera armoniosa y que esa armonía queda alterada cuando el hombre enfrenta su voluntad a la del universo. El *Tao Te Ching*, escrito probablemente por Lao-Tse, cita como factores esenciales del hombre sabio la «acción decreciente» y la «voluntad menguante», entendidos ambos como un acompañamiento del hombre a los procesos naturales ya existentes. Así, el ser humano no enfrenta su voluntad contra la armonía natural, sino que la adecua a ella.

El Wu Wei propone que el mejor modo de enfrentarse a cualquier situación consiste en «no actuar», en «no hacer nada». Ese «no hacer nada» no significa cruzarse de brazos y esperar que se obren milagros, sino que el taoísmo lo define como no hacer nada «de manera forzada» o «forzando la armonía de las cosas». Equivale al crecimiento de una planta, que lo hace sin realizar esfuerzos: sencillamente, crece de acuerdo con la naturaleza. Así pues, «no hacer nada» significa realmente hacer las cosas de manera natural, sin sobreesfuerzos, sin forzar situaciones. El Wu Wei propone «no hacer nada» en el sentido de «dejar fluir».

Y ahí aparece la ceja arqueada de este italiano sabio para decirnos que hay dos clases de entrenadores: «Los que no hacen nada y los que hacen mucho daño». Por descontado, él se sienta en el primer grupo y lo ha demostrado sin paliativos.

En un bello libro que publicó (*Liderazgo tranquilo*), Ancelotti explica lo que le ha sucedido a menudo en los equipos que ha dirigido:

> Por lo que me contratan es por mi capacidad para calmar la situación en un club mediante la construc-

ción de relaciones con los jugadores, que es una de mis mayores fortalezas. En una etapa posterior, ese ya no es el enfoque que quieren y la relación con los propietarios, no con los jugadores, sino con los propietarios, comienza a empeorar. Me contratan para ser amable y tranquilo con los jugadores y luego, a la primera señal de problemas en el camino, esa es la característica que señalan como el problema.

Pero ni siquiera las repetidas experiencias que acabaron en problemas le han disuadido del camino que debe seguir. Él solo pretende que sus jugadores fluyan: «Tu trabajo no es motivar a los talentos. Ellos deben encontrarlo dentro de sí mismos, tu trabajo es no desmotivarlos».

Así, persiste con más energía en su voluntad de armonizarse con la naturaleza de sus jugadores, sin exigirles sobreesfuerzos enajenantes. Escuchando a Ancelotti, uno rememora a Marco Aurelio, el último de los cinco buenos emperadores, ferviente estoico, autor de las prodigiosas *Meditaciones*:

> Todo lo que ocurre sucede con razón. Lo descubrirás si fijamente lo observares. No solo digo que todo viene en fuerza de las consecuencias, pero también con relación a la justicia, y como si alguien distribuyera a cada cual las recompensas según su merecido. Sigue,

pues, observando como has empezado, y todo cuanto hicieres hazlo con la intención de ser un hombre de bien, según la idea específica que suele formarse del hombre recto. Practica esta regla en todas tus acciones.*

Con otros términos, Ancelotti se expresa en la misma línea que el emperador: «Haz tu trabajo lo mejor que puedas y deja que los demás te juzguen, porque, de todos modos, lo harán».

Más aún, Marco Aurelio añade, como si de un guiño a su compatriota se tratara: «Acepta el arte que has aprendido, y gózate en él. Y lo que te restare de vida, pásalo como quien lo confía todo, desde lo profundo del alma, a los dioses, sin hacerse tirano ni esclavo de nadie».**

Dos cosas definen el taoísmo estoico de Ancelotti: su paciencia cuando no tenía nada y su actitud cuando lo ha tenido todo.

---

* Marco Aurelio, *Meditaciones*, Madrid, Santillana, 2008, p. 38.

** *Ibid.*, p. 64.

13

«EL ENTRENADOR QUE NO SABE EMOCIONAR NI EMOCIONARSE NO SABE VENCER»

Manuel Sérgio

Un filósofo que choca contra otros filósofos. He ahí una vigente lucha entre ideas, entre emoción y razón.

Manuel Sérgio es un filósofo lisboeta de fecunda trayectoria, creador de la *Epistemología de la motricidad humana*, en la que sostiene que la motricidad humana es una ciencia, en tanto la educación física es la preciencia.

Sérgio nunca ha sido un sabio perdido en las nubes, sino alguien estrechamente ligado al deporte, especialmente al fútbol. Fanático de Os Belenenses, club del que fue vicepresidente, ha sido también gestor de las asociaciones portuguesas de baloncesto y balonmano.

«No se puede reducir el fútbol al discurso lógico producido por los periodistas o por los estudiosos», nos dice Manuel Sérgio. «El todo es inexplicable. El saber del fútbol es, casi siempre, el saber de un puro acontecer, ya que la trascendencia no se deja captar», añade.

Y concluye su alegato en favor de la emoción en el deporte con la siguiente afirmación: «En el principio de cualquier victoria, hay un acto de fe».*

En este punto, recordamos a Kant: «La emoción es ciega y, por eso, en términos absolutos no es sublime».

Sérgio sostiene que el entrenador que no se funde con sus emociones no sabe vencer, pero Kant nos rebaja la euforia al mismo punto que Platón: «Las emociones son fuerzas que constantemente se oponen a la fuerza de la razón».

¿Acaso la victoria es irracional? Descartes atribuía las emociones al espíritu animal, mientras que Aristóteles las asociaba a cierto trastorno del juicio.

Continúo buceando entre la emoción y la razón, y acudo a Humberto Mataran, nada menos, quien no tiene dudas al respecto: «No es la razón la que nos lleva a la acción, sino la emoción. Cada vez que escu-

---

* Manuel Sérgio, *Filosofía del fútbol*, Lisboa, Prime Books, 2012, p. 50.

chamos a alguien decir que él o ella es racional y no emocional, podemos escuchar el eco de la emoción que está bajo esa afirmación».

Quizá, pienso yo, deberíamos enfocar el asunto de otro modo. Una cosa son las emociones que el entrenador sabe o puede transmitir a sus jugadores, influyendo con ello en sus rendimientos —a veces, de forma negativa—, y otra cosa son las emociones que dichos jugadores, y también el entrenador, consiguen transmitir hacia el exterior, hacia sus aficionados y los espectadores.

Otro hombre sabio como Vicente del Bosque parece entenderlo con esta doble perspectiva. De una parte nos habla de su comportamiento en el banquillo, que gusta de ser moderado y suave: «Un entrenador fuera de sí no se encuentra en la situación más idónea para tomar una decisión correcta. [...] Considero que en el banquillo hay que mantener intacta toda la energía para concentrarse y no distraerse, porque solo así es posible tomar la medida más adecuada en unos segundos».

Sin embargo, a continuación, se entusiasma con la capacidad de emocionar a sus futbolistas, al estilo de lo que propugna Manuel Sérgio: «El fútbol es técnica, es organización de juego. Pero la vitalidad y la energía son la leche, y a veces parecen estar siempre en un segundo plano. El centro de todo es la emoción, sin la cual todo lo demás son palabras vacías. [...] Nuestro deber, como técnicos, es emocionar al futbolista y empezar a hacerlo en los entrenamientos».*

Ángel Cappa le preguntó a su amigo César Luis Menotti si servía de algo gritar desde el banquillo, y el Flaco respondió: «De muy poco... Algunos entrenadores lo hacen porque todavía no dejaron de jugar, por falta de experiencia. No se puede mirar individualmente, el fútbol se tiene que mirar con sentido colectivo. Por eso, todas las órdenes que se dan durante el juego sirven solo para distraer al jugador en su próxima intervención, porque la jugada que pasó ya la perdió».**

¡Ah, amigos! Emoción sí, pero bien orientada...

Claro que ¿cómo acertar? Según Unai Emery:

> Siempre he sido nervioso, intranquilo, igual de jugador. Funciono así entrenando. Arbitro los partidos de entrenamiento. Intento anticipar lo que pueda ocurrir en el juego. Yo pienso en el fútbol las veinticuatro horas, a veces obsesivamente, lo reconozco. En ocasiones, estoy en la cama sin poder dormir, imagino una

---

* Orfeo Suárez, *Palabra de entrenador*, Barcelona, Córner, 2011, pp. 30-31.
** César Luis Menotti, *Fútbol sin trampa*, Buenos Aires, Perfil, 1986, p. 52.

jugada, una idea, y me tengo que levantar para anotarla. Esta es otra de las diferencias entre ser jugador o entrenador. El primero se va a casa, come con su mujer, se marcha al cine, vuelve al día siguiente y pregunta: «¿Y hoy qué?». El segundo, en cambio, no para. Vive a una intensidad altísima hasta que la cabeza se le vuelve una pelota.*

Transmitir emoción a los jugadores, ser capaz de emocionarlos para que trasciendan hacia la victoria. Y también para que transmitan emoción a quienes los aplauden y vitorean. Escuchemos a Pep Guardiola durante una sobremesa:

> Yo les digo a todos aquellos que cuantifican el fútbol, números, números, números, ¿qué cambia nuestras vidas una liga más o menos? ¿Una Champions más o menos? ¡Luchemos para que nos admiren, cabrones! Y hagamos algo que salga del alma, que salga del alma. Ojo, entiéndeme bien: los números son indiscutibles y yo quiero ganar, lo sabes, tú lo sabes de sobra, quiero ganar siempre. Además, no obligo a que nadie piense como yo. Solo digo que si lo que yo propongo no os hace sentir nada, si no sentís un cosquilleo, si no os genera ninguna emoción en vuestro interior, entonces no

---

* Orfeo Suárez, *op. cit.*, p. 201.

cambiéis, quedaos como estáis, sed como sois... Pero yo seguiré peleando siempre por sacar lo mejor del fútbol que tienen mis jugadores y, si es posible, para emocionar a quien nos está viendo.*

¿Es sublime la victoria nacida desde la emoción? ¿O lo es más la surgida desde la razón?
Kant no tenía ni idea de fútbol.

* Martí Perarnau, *Pep Guardiola. La metamorfosis*, op. cit., p. 355.

14

«EL MANEJO DE LOS EGOS EMPIEZA EN UNO MISMO»
Unai Emery

Etimológicamente, *ego* significa «yo» en latín y es el sentido de identidad que permite al individuo reconocerse a sí mismo y a su propia personalidad.

Los filósofos han desarrollado hasta el agotamiento este concepto. En su primer ensayo, *La trascendencia del ego*, Jean-Paul Sartre lo define como la «síntesis ideal de los estados y las acciones de la conciencia», y para Carl Jung representa «la mente consciente» y es responsable de los sentimientos «de identidad y continuidad».

Es expresión común en el fútbol hablar de la «gestión de los egos» como un factor decisivo en el éxito o fracaso de un equipo, lo que es muy razonable, pues cualquier ego desmedido choca y se enfrenta con la identidad de un colectivo. De ahí que la frase de Unai Emery sea una de las más trascendentes de cuantas se han pronunciado en el fecundo mundo del fútbol.

El fútbol no es de los jugadores, como tan habitualmente se afirma. Tampoco es de los entrenadores, de la afición o de los magnates. La pura realidad es que el fútbol es de los equipos, entendiendo como tales la agrupación amplia de esfuerzos y esmeros por parte de todos los que lo componen.

Decía Santiago Coca, brillante formador de entrenadores, que «el futbolista es el propietario del juego», y tenía razón, lo que no invalida mi afirmación de que el fútbol es de los equipos. Un equipo es un ser vivo, es una congregación de fuerzas: futbolistas, entrenadores, hinchas, dirigentes, así como un contexto concreto formado por rivales, periodistas, el azar, los egos y el momento histórico que a cada cual le ha tocado vivir. Todo ello compone la esencia de un equipo, que también es la voluntad de ser. Construir un nosotros a partir de numerosos yoes, de numerosos egos. Un equipo es el pacto para construir ese nosotros y dirigirlo con un rumbo concreto.

Cualquier ego que se desborde atenta contra el bienestar del equipo, incluido el del entrenador. He ahí la trascendencia razonable que Emery otorga a dicho manejo. También la experiencia nos ilustra en la misma dirección: son multitud los equipos que se han estrellado pese a estar formados por un sinfín de estrellas. ¡Precisamente este es el motivo del fracaso!

Otro maravilloso formador de entrenadores, Carlos Peucelle, explicaba que «el buen equipo se da con el acoplamiento de valores dispares que producen un funcionamiento colectivo. Sin acoplamiento no hay equipo. Esto a veces se consigue, otras veces se produce por casualidad. Y en otras se hace muy difícil teniendo los mejores jugadores».*

Reunir a los mejores jugadores equivale la mayor parte de las veces a un fiasco, pues a menudo son incapaces de medir y controlar su ego, y quien los dirige se muestra impotente para frenar a los genios fuera de sus lámparas. Son casos fallidos de gestión y formación de equipos.

El psiquiatra Luis Rojas Marcos nos explica que «en general, nos sentimos más responsables de nuestros éxitos que de nuestros fracasos. Atribuimos nuestros logros a la propia competencia, y nuestros fallos, a la mala fortuna. Y, sin embargo, pensamos

---

* Carlos Peucelle, *Fútbol todotiempo*, Buenos Aires, Dictio, 2011, p. 94.

con toda naturalidad que nuestros contrincantes triunfan por casualidad o por suerte, y pierden por su ineptitud o falta de esfuerzo».*

Anteponemos nuestro ego a cualquier racionalidad en el análisis, incluso haciendo daño a nuestra propia autoestima. El ego es aquella parte de nuestra identidad que precisa de validación externa, mientras que la autoestima es la valoración que tenemos de nosotros mismos, de acuerdo con nuestras experiencias y percepciones. Dicho de otro modo, la autoestima nos hace mirar a nuestro interior y el ego nos empuja a ver nuestro reflejo en el exterior. Egos desatados y autoestima baja preparan la fórmula infalible para el fracaso de cualquier equipo, por brillantes que sean los componentes que lo forman.

En este punto, la solución para gestionar los inevitables egos individuales nunca es unívoca. Ha habido entrenadores con temple que han conducido a sus futbolistas con suavidad y dulzura hasta propiciar un entendimiento común, y los ha habido que han conseguido el mismo objetivo a partir de una personalidad desbordante y contagiosa.

Nadie mejor para ilustrarnos de este segundo caso que Johann Wolfgang von Goethe, el inmenso pensa-

* Luis Rojas Marcos, *La autoestima*, Madrid, Espasa, 2007, p. 160.

dor y literato alemán, autor de *Fausto* y tantas obras maestras.

Goethe conocía bien a Napoleón, no en vano se produjo aquel encuentro de ambos en Erfurt, el domingo 2 de noviembre de 1808, cuando el emperador invitó al pensador para conocer en persona al autor de *Werther*, esa maravilla escrita que tanto le había emocionado y que confesó haber leído hasta en siete ocasiones. Voraz lector, Napoleón recibió a Goethe con una frase que pasaría a la posteridad: «Voilà un homme!» («¡He aquí un hombre!»), cuyo significado se interpretará para siempre como el mayor de los elogios: no hay hombre que pueda igualarse a Goethe, dice el emperador en su apogeo.

Y Goethe dibuja un perfil preciso de las causas por las que Napoleón ha tenido tanto éxito en su gigantesca gestión de grupos. Johann Peter Eckermann, el ayudante que detallará con precisión los últimos años de vida de Goethe, reflexiona una mañana junto al maestro:

—Me sorprende que la gente, solo por hacerse un poco de nombre, esté dispuesta a amargarse la vida hasta el punto de recurrir a medios deshonestos.

A lo que Goethe responde:

—Mi querido amigo, un nombre no es poca cosa. ¡Si el mismísimo Napoleón ha hecho trizas medio mundo solo por obtener renombre!

Eckermann inquiere entonces sobre el emperador:

—Debió de tener una personalidad muy cautivadora para que la gente se le sometiera tan rápidamente, le siguiera y se dejara dirigir por él.

Y Goethe traza un retrato formidable sobre el ser humano y la gestión de los egos:

—Ciertamente, tenía una gran personalidad. Sin embargo, lo principal era que, bajo su mando, la gente estaba segura de alcanzar sus objetivos. Por eso se le sometían, como habrían hecho con cualquier otro que les inculcara una convicción similar. Al fin y al cabo, también los actores se someten a un nuevo director de escena si creen que les procurará buenos papeles. Siempre es la misma historia. La naturaleza humana es así y no hay nada que hacer. No hay nadie que sirva libremente a otro, pero si sabe que, haciéndolo, en realidad se está sirviendo a sí mismo, lo hará de buena gana. Napoleón conocía demasiado bien el género humano y sabía sacar partido de sus debilidades.*

El ego, finalmente, no es más que la debilidad del vanidoso.

* J. P. Eckermann, *Conversaciones con Goethe*, Barcelona, Acantilado, 2005, pp. 304-395.

15

«BUSCAMOS LA PERFECCIÓN; SI NO LA LOGRAMOS, LUCHAMOS POR LA EXCELENCIA»
Matt Busby

A las cinco en punto de la tarde, Immanuel Kant salía de casa y durante sesenta minutos caminaba sin interrupciones por una alameda de tilos que aún hoy se llama «la alameda del filósofo», hasta que regresaba a las seis en punto. Durante su paseo diario, el filósofo evitaba encontrarse con nadie, ni siquiera con sus más íntimos amigos, para evitar incómodas interrupciones. Gustaba de pasear solo, concentrado en sus ideas, con la boca cerrada para evitar pillar un resfriado, siempre seguido a prudente distancia por Lampe, su fiel criado. Le perturbaba sobremanera tropezarse con cualquier inconveniente que le apartara de su hábito.

No era el único hábito que practicaba. Se despertaba a las cinco en punto de la mañana, al grito de «¡Es la hora!», desayunaba una simple taza de té, fumaba en pipa y escribía durante tres horas exactas. A las ocho salía de casa para dar clases, y regresaba a la una menos cuarto. Quince minutos después, puntual como en todo lo que hacía, iniciaba la comida, para la que precisaba contar con un mínimo de tres acompañantes y un máximo de nueve, para que el ambiente fuese animado, pero no tumultuoso. Los tres temas diarios de la sobremesa versaban sobre ciencia, filosofía y el tiempo que hacía. Tres platos, un surtido de quesos y una garrafa de vino para cada comensal eran preceptivos.

A las cinco en punto se levantaba de la mesa, salía por la puerta y caminaba durante sesenta minutos exactos, tras los que se encerraba a leer y a desarrollar sus pensamientos. A las diez en punto, sin cenar, se acostaba.

Kant replicaba de forma tan precisa sus hábitos que los habitantes de la bulliciosa Königsberg le apodaban «el Reloj de Königsberg», dada su exactitud y puntualidad. Si por alguna razón, algún reloj marcaba un minuto de diferencia cuando Kant salía de casa, los vecinos consideraban que era el reloj el que había fallado, no el filósofo.

Fue en estos paseos diarios cuando Kant encontró

la luz para escribir su *Crítica de la razón pura, práctica y del juicio*, así como también su célebre pensamiento *sapere aude*, «atrévete a saber».

Mucho tiempo más tarde, Adolfo Pedernera y José Manuel Moreno dedicaban cada tarde, después del entrenamiento de River Plate, al perfeccionamiento técnico y la práctica del lanzamiento directo a portería. Cada día, de manera invariable, los dos compadres practicaban y lanzaban decenas de remates para mejorar su puntería. Decía Pedernera:

> Practicar sin descanso. ¡Tanto nos gustaba la pelota! Nos entregábamos a la inventiva, en la que incluíamos paredes, simples y dobles; dominar el balón sin bajarlo y reiterando el trueque de puestos, siempre a gran velocidad. Una de esas prácticas era tratar de pegarles (con la pelota detenida o en movimiento, y a diversas distancias y ángulos del arco) a los dos laterales [postes] y al travesaño. También practicábamos voleas y sobrepiques; y no se nos escapó insistir con el ya famoso «chanfle» [efecto]. El chanfle lo aplicábamos también con ambas piernas desde los dos córneres.*

---

* Adolfo Pedernera, *El fútbol que viví*, Buenos Aires, Sineret, 1993, pp. 63-65.

No puede extrañarnos que a Kant se le considerase más exacto que los relojes en Königsberg, ni que Pedernera y Moreno pasaran por infalibles ante la portería. Sus hábitos perfeccionistas los condujeron a la excelencia aristotélica.

Padre de la filosofía occidental, Aristóteles fundó la lógica y la filosofía de la ciencia, y creó el método científico basándose en las investigaciones, que sustituyeron a la contemplación platónica. Cambió el mundo de las ideas eternas por los hechos concretos, de ahí que debamos considerarlo como el primer gran empírico. El filósofo griego nos legó un pensamiento infalible: «Somos lo que hacemos repetidamente. La excelencia, entonces, no es un acto; es un hábito».

Matt Busby nació muchos siglos después que Aristóteles, pero pensaba como él. Buen jugador del Manchester United y excepcional entrenador del mismo equipo, pretendía la perfección y, consciente de su inútil empeño, la cambiaba por la excelencia.

Siempre fue muy autocrítico: «Hay días en que pienso que no tengo ningún futuro en este deporte», dijo cuando era jugador, si bien disputó más de trescientos cincuenta partidos con el Manchester United y el Liverpool, nada menos.

Su empirismo como entrenador se detectaba en la metodología que empleaba con los jóvenes del United, los Duncan Edwards, Bobby Charlton o Eddie

Colman, que recibieron el sobrenombre de «Busby Babes», ocho de los cuales fallecieron en aquel accidente aéreo de Múnich de 1958, donde también él resultó maltrecho y gravemente herido.

Pasó dos largos meses entre la vida y la muerte, con el cuerpo fracturado en muchas zonas y el alma mucho peor, rota para siempre por la pérdida de sus muchachos. Recibió dos veces la extremaunción y, cuando supo que Duncan Edwards y gran parte de los jugadores habían fallecido en el accidente, deseó haber muerto él también: «Solo quería quedarme en la habitación y morirme, mucho mejor que salir del hospital y conocer la verdad. Rogué muchas veces para que la muerte llegase rápido»,* dijo tiempo después, una vez conocido el verdadero alcance de la tragedia aérea que destruyó un equipo llamado a ser legendario.

Solo desde el convencimiento de que el hábito metódico y riguroso permite alcanzar el perfeccionamiento, Busby logró resurgir de las cenizas del accidente y reconstruir un equipo que devino mágico una década más tarde, con Bobby Charlton, Denis Law y George Best, gloriosos campeones de Europa.

Diez años después de la gran tragedia de Múnich, el United de Busby llegó a la final europea que se dis-

---

* David Miller, *Father of football*, Londres, Pavilion, 1994, p. 87.

putaba en Wembley. Su nuevo equipo empataba a uno con el Benfica tras los noventa minutos; en ese momento, Busby dejó un mensaje breve pero explícito a sus hombres. Les pidió valentía:

> Les estáis regalando el balón demasiado a menudo. Estáis siendo demasiado precipitados. Intentad mantener la posesión, jugar por las bandas. No os quedéis atrás, id a por el balón y seguid atacando.

Como un huracán, en los siguientes nueve minutos de la prórroga, George Best, Brian Kidd y Bobby Charlton anotaron sendos goles que sentenciaron la final en favor del reconstruido Manchester United, que se convirtió de este modo en el primer equipo inglés en conquistar la Copa de Europa.

Con el trofeo en la mano, apareció el Busby más filosófico:

> El propósito de la vida es construir. Cuando conocí lo peor en Múnich, finalmente entendí que rezar por la muerte, como había hecho, era un error y una cobardía. Supe de alguna manera que debía triunfar de nuevo por aquellos que murieron. De lo contrario, mi camino no tendría ningún sentido.*

---

* *Ibid.*, p. 19.

Los jugadores de Busby se distinguieron siempre por la búsqueda del gesto preciso y del movimiento adecuado. Los entrenamientos eran técnicamente muy exigentes e intentaban capturar la perfección a través del hábito metódico.

Dos décadas antes se dio en Praga otro de esos fenómenos fascinantes que regala el fútbol. En 1930, el Sparta fichó a Raymond Braine, un gran delantero centro belga que no solo marcaba innumerables goles, sino que poseía una pasión desmedida por el perfeccionamiento técnico. Fue él quien convenció a Oldřich Nejedlý, gran interior checoslovaco, para entrenarse mutuamente a diario tras terminar las sesiones del equipo en el Stadion Letná. La narración de aquel hábito dice así:

> El experimentado Braine centraba el balón desde todas las posiciones posibles, sirviendo pases a Nejedlý en el área de penalti para que su única tarea fuese colocar el balón en la red. Luego intercambiaban ambos roles. Remataban con la pierna derecha, la pierna izquierda, la cabeza… Nejedlý consiguió un maestro excelente, y Braine, un alumno y colega dócil. Los resultados no tardaron en llegar.*

---

* Martí Perarnau, *La evolución táctica del fútbol*, Barcelona, Córner, 2021, p. 574.

Braine se marchó del Sparta seis años más tarde, tras haber marcado 300 goles en 281 partidos disputados. Nejedlý se coronó máximo goleador del Mundial de 1934 y con el Sparta marcó 162 goles en 187 partidos.

Como Pedernera y Moreno, como Lewandowski y Robben, como Hidegkuti y Puskás, también Braine y Nejedlý alcanzaron la excelencia a partir del hábito aristotélico.

Como Matt Busby. Como Immanuel Kant, el filósofo que era más exacto y preciso en sus hábitos que todos los relojes de Königsberg.

16

«HAY UNA CONFUSIÓN ENTRE LO QUE SE APRENDE Y LO QUE SE ADQUIERE»

Carlos Peucelle

¿Cómo se aprende?

El método de Sócrates, la mayéutica, consistía en preguntar a alguien la definición de algo. A partir de ella, el filósofo oponía una crítica que obligaba a una segunda definición más precisa. A esta, volvía a oponer una nueva crítica, de la que surgía una tercera definición y así sucesivamente. Con este método, Sócrates lograba profundizar en el conocimiento y acercarse a la verdad. El alumno aprendía a través de este método, pero a Sócrates siempre le quedó la insatisfacción de que la mayéutica no le permitía alcanzar la definición plenamente apropiada de las cosas.

Platón, con su dialéctica, avanzó en el perfeccionamiento de las definiciones. Su método estaba basado en dos momentos fundamentales: intuir la idea y esclarecerla a partir de la crítica dialéctica.

Alessandro del Piero lo resumió con la misma suavidad con que marcaba goles desde la zona izquierda del ataque de la Juventus: «Si he aprendido tanto es porque me he pasado la vida mirando».

Para Del Piero, la dialéctica platónica tendría, por lo tanto, también dos momentos fundamentales: observar e intuir la idea que se transformará en gol. Se aprendería a través de la observación y la intuición.

Del Piero acierta de lleno cuando hablamos de la filosofía del fútbol y nos permite retroceder hasta Carlos Peucelle, el célebre «Barullo», un enérgico extremo de River Plate que al retirarse devino en *alma mater* de la Máquina: «Hay una confusión entre lo que se aprende y lo que se adquiere. Es la misma diferencia que se da entre cultura e ilustración».*

Lo dice quien gestó la prodigiosa Máquina, aquel conjunto histórico cuya delantera componían Muñoz, Moreno, Pedernera, Labruna y Loustau. Equipo cien veces más breve que su perdurable leyenda, protagonista de gestas formidables y de un juego que ha quedado grabado en oro por su elegancia, virtuosismo y delicadeza.

* Carlos Peucelle, *op. cit.*, p. 36.

Peucelle, sabio y por ello humilde, siempre rechazó la paternidad de la Máquina: «Nunca vi que lo que se produce como juego dentro de un partido viniera de un maestro de afuera. Siempre salió de los jugadores».

Cuando le insistían, asegurando que él había «creado» ese monstruo llamado Pedernera, rechazaba con aspavientos semejante afirmación: «¡Yo no hice nada! Lo hizo doña Rosa, doña Rosa Pedernera...».

Peucelle concluía su alegato con otra sentencia irrefutable: «Yo no hago jugadores, solo capacito y oriento».

Su compatriota Jorge Luis Borges lo dijo con otras palabras: «El maestro no enseña cosas, sino una manera de tratar con las cosas, una manera de tratar con el incesante universo».

Sin saberlo, Peucelle y Borges nos dibujan la historia que Jacques Rancière escribió en *El maestro ignorante*.

En 1818, Joseph Jacotot, revolucionario exiliado y profesor-lector de literatura francesa en la universidad belga de Lovaina, empezó a sembrar el pánico en la Europa sabia. ¡Enseñó francés a estudiantes flamencos sin darles ninguna lección! No satisfecho con ello, Jacotot se puso a enseñar lo que él ignoraba y a proclamar la consigna de la emancipación intelectual: todas las inteligencias son iguales y se puede aprender solo, sin un maestro explicador.

Jacotot argumentaba que la distancia que el maestro tradicional, el explicador, pretende reducir es aquella de la que vive, por lo que justifica su propia tesis en nombre de la igualdad, pero, en realidad, lo que hace es colocarla en un lugar inalcanzable para el alumno.

Instruir, dice Jacotot, puede significar dos cosas exactamente opuestas: confirmar una incapacidad en el acto mismo que pretende reducirla o, a la inversa, forzar una capacidad que se ignora o se niega a reconocerse y a desarrollar todas las consecuencias de este reconocimiento. El primer acto se llama embrutecimiento; el segundo, emancipación: «Es necesario que les enseñe que no tengo nada que enseñarles».*

Así, Rancière replica de forma contundente a Descartes e invierte su célebre formulación: «Sum, ergo cogito». Es decir: soy hombre, luego pienso. Y concluye: «La instrucción es como la libertad: no se da, se toma».

El filósofo francés entiende el aprendizaje del mismo modo que Dante Panzeri, que creía que el buen entrenador «sabe hacer jugadores», cosa que quería decir que sabe cómo extraer sus mejores cualidades.

Jürgen Klopp opina lo mismo: «Los mejores entrenadores hacen las cosas que sus jugadores les permiten hacer».

* Jacques Rancière, *El maestro ignorante*, Buenos Aires, Zorzal, 2022, p, 36.

Lo que dice Klopp es parecido a lo que explica Claudio Abbado, quien en sus inicios como magnífico director de orquesta dedicó dos años de su vida a enseñar música de cámara en el Conservatorio de Parma:

> No sé cuánto aprendieron los alumnos de mí, pero yo sin duda aprendí mucho de ellos. Y lo más importante no era tanto cómo tocaban ellos, sino el modo en que yo escuchaba, porque escuchar es una de las cosas más importantes de esta vida.*

Para José Antonio Marina, pensador español, «la educación es, en último término, la adquisición de hábitos». Somos lo que hacemos repetidamente, advirtió Aristóteles antes de proclamar que la excelencia no es un acto, sino un hábito.

El hábito es la levadura del talento.

Aunque siempre hay un Stephen Curry que nos recuerda que «cuando no hago las cosas bien, deseo que mi entrenador me corrija».

Dante Panzeri, que de fútbol lo sabía todo, definió que su deporte era «ciencia oculta de imposible enseñanza académica. El fútbol es empirismo».

Antonio Porchia, poeta argentino, lo expresó sin

---

* Helena Matheopoulos, *Los grandes directores de orquesta*, Barcelona, Ma non troppo, 2007, p. 68.

paliativos: «En tanto uno aprende, ignora por dónde aprende».

Concluyamos con la visión de dos entrenadores.

Pep Guardiola: «La gran influencia que tenemos los entrenadores es enseñar algo a los jugadores y que ellos lo adviertan. ¿Has ayudado a este jugador a entender el juego y a ser aún mejor? Bingo, misión cumplida».*

Julio Velasco: «El placer del entrenador ha de ser el placer de un artesano, no el de un industrial. Somos artesanos de la enseñanza y la formación del deportista. El entrenador ha de ser feliz con el progreso de su deportista, no con el objetivo final que consiga. Feliz por el proceso, no por la victoria. El primer placer es ver crecer a tus jugadores».**

Al fin y al cabo, como dijo el compositor británico Benjamin Britten: «Aprender es como remar contra corriente: en cuanto se deja de remar, se retrocede».

Y, para acabar, un pensamiento irrefutable de Alexandra Trefor: «Los mejores maestros son los que te enseñan dónde debes mirar, pero no te dicen lo que has de ver».

---

* Martí Perarnau, *Pep Guardiola. La metamorfosis*, op. cit., p. 178.

** *Ibid.*, p. 174.

17

«NO BUSQUEN DINERO, BUSQUEN GLORIA»

Carlos Salvador Bilardo

A la gloria se llega por caminos dispares.

Lope de Vega despachaba una obra de tres actos en menos de setenta y dos horas. Sin embargo, Goethe necesitó setenta y dos años para completar su *Fausto*.

Las partituras de Beethoven nos hablan de sufrimiento, esfuerzo titánico, tachaduras infinitas, correcciones y nuevas correcciones, un amasijo de signos que revelan la lucha interna del coloso alemán. Las partituras de Mozart, en cambio, son impolutas: el genio de Salzburgo componía sus obras de corrido, sin titubeos ni distracciones, limpias como una mañana de otoño. Y eso que se ha calculado que serían necesarios veintinueve años para copiar a mano las partituras de las más de seiscientas obras que compuso, cosa que te puede volar la cabeza si piensas que Mozart murió a los treinta y cinco.

Händel despachó el *Mesías* en siete días (aunque casi falleció en el esfuerzo); en cambio, Mahler solo alcanzó la gloria después de cambiar trece veces su *Quinta sinfonía*, porque en cada ocasión que la dirigía encontraba algo que le disgustaba, como explicó Leonard Bernstein:

> Después de dirigir sus propias obras, hacía toda clase de retoques, para luego, en ocasiones, desdecirse, dar por buena la primera elección y tachar los retoques. La gente se volvía loca intentando adivinar cuál era su último deseo. Algunas veces ni siquiera él lo sabía.*

A la gloria se llega por la vía fácil o por la vía difícil. Lo que importa es llegar.

En el museo del Manchester United, todavía se conserva la pizarra en la que Osvaldo Zubeldía escribió antes de ganar la final de la Copa Intercontinental de 1968: «A la gloria no se llega por un camino de rosas».

Aunque, ¿qué caramba es la gloria? Los filósofos han discutido mucho sobre ello.

---

*Helena Matheopoulos, *op. cit.*, p. 42.

Para Spinoza, la gloria es una alegría. Para Maquiavelo, es una hazaña, es la recompensa de la *virtù*, que es una combinación de voluntad, inteligencia, acción y destreza.

En cualquier caso, el consenso la enmarca en el honor, la admiración y el prestigio que recibe quien ha hecho algo extraordinario que es reconocido por los demás.

A esto se refiere Bilardo cuando les grita a sus jugadores que busquen la gloria y no el dinero.

Puede parecer contradictorio con el personaje. Bilardo fue el gran paradigma del Estudiantes de Zubeldía, aquel equipo áspero, bronco y marrullero, pero también brillante, innovador y atrevido. Bilardo representó siempre los dos rostros del futbolista, capaz de usar las peores artimañas para derrotar al rival, pero capaz de la mayor nobleza en la búsqueda de sus objetivos.

La narrativa le fue negativa, de ahí que en su particular duelo contra Menotti siempre tuvo las de perder, por verbo, por estética y por prestancia.

Para la historia siempre quedarán los alfileres que usaba para pinchar a los rivales, si bien él aseguraba muy serio que los empleaba para «medir el nivel de azúcar en la sangre de los contrarios...».

Bilardo nunca fue menor, ni en juego ni en palmarés; tampoco en el uso de las tácticas. Era capaz de negarle el agua al oponente, pero al mismo tiempo exigía a los suyos jugar por la gloria y no por el dinero, lo que habla de un espíritu digno de una época en la que el hombre aún era más importante que las cosas.

Su búsqueda de la gloria debe entenderse como la de la victoria sin caer en distracciones colaterales. Bilardo no habla de la gloria en sentido poético y liviano. Quiere la gloria absoluta conquistada con el triunfo mayúsculo. Su filosofía es la misma que la de su histórico entrenador, Osvaldo Zubeldía, quien le inculcó que «la única verdad es ganar». Bilardo dice lo mismo, pero lo envuelve con el concepto *gloria*, que suena más dulce.

Notemos la discrepancia sutil entre Bilardo y Danny Blanchflower, el considerado mejor jugador de la historia del Tottenham, quien lanzó en los años cincuenta un manifiesto que sigue plenamente vigente:

> La gran falacia es que este juego consiste ante todo en vencer. No es nada de eso. El fútbol consiste en la gloria. Se trata de hacer las cosas con estilo, con elegancia, de salir a ganar al contrario y no de esperar que se muera de aburrimiento.

Ambos colocan la gloria como aspiración suprema, pero Bilardo la equipara a la victoria, y Blanchflower, al modo de alcanzar esa victoria.

Siempre ha sido así. A la gloria se puede llegar por el camino de Beethoven o por el de Mozart, por el de Lope o por el de Goethe.

18

«NUNCA ESTOY INTERESADO EN EL PROBLEMA, SOLO EN LA SOLUCIÓN»

Jürgen Klopp

El pensamiento de Jürgen Klopp puede parecer excesivo, pues no admite matices. No le importa el problema, ni sus aristas; lo que cuenta es hallar la solución. Puro Charles Sanders Peirce y William James, fundadores de la escuela pragmática.

Sin embargo, Klopp posee una sutilidad que se percibe nítidamente. No es un bruto que embiste en busca de soluciones, sin importarle las causas. Lo que el técnico alemán nos dice es que no gusta de recrearse en el sinsabor del problema, sino que prefiere enfocarse en la búsqueda de la solución. Es el mismo hombre que afirma sin titubeos: «No es tan importante lo que piense la gente cuando llegas, es más importante lo que piensa la gente cuando te vas». Siempre pone el foco en el final del proceso.

Veamos dicho proceso.

La experiencia, la investigación, la observación y las aportaciones de los demás constituyen el alimento del pensamiento crítico. Este nos permite separar los argumentos brillantes de los mediocres, facilita desmontar prejuicios, mejorar nuestra comunicación, encontrar soluciones a problemas complejos y ser dueños de nuestras ideas y actuar acorde con ellas.

Esta es la función social del filósofo, que es un experto en analizar situaciones complejas mediante el pensamiento crítico, lo que le hace especialmente hábil a la hora de resolver problemas. En palabras de Marina Garcés: «La filosofía no es útil o inútil, es necesaria».

La filosofía es un catalizador que permite dilucidar los problemas que hay que resolver, como dijo Immanuel Kant en su *Crítica de la razón pura*: «El filósofo no es un artista de la razón, sino el legislador de la razón humana».

Por este motivo, Klopp usa su pensamiento con acierto: «Solo un estúpido permite que el éxito se le suba a la cabeza».

Como su compatriota Kant, fundador del movimiento alrededor del pensamiento crítico, el técnico de Stuttgart se apoya en él para hallar soluciones, tal y como hacían los viejos filósofos griegos, como bien nos recordó Luc Ferry: «Se dice, frecuentemente, que entre los antiguos la filosofía no era, en primer lugar, un discurso, sino un modo de vida; no un sistema de pensamiento o una teoría, sino una sabiduría práctica».*

Para Klopp, la búsqueda de soluciones prácticas es un modo de vida.

«El pensamiento crítico es tener el deseo de buscar, la paciencia para dudar, la afición de meditar, la lentitud para afirmar, la disposición para considerar, el cuidado para poner en orden y el odio por todo tipo de impostura», escribió Francis Bacon, descripción que nos recuerda al mejor Klopp persiguiendo soluciones.

Si nos interrogamos acerca de qué es una solución en términos filosóficos, podremos concluir que es una acción constante de las causas de un problema, una acción que se convierte ella misma en causa que sustituye y finaliza el motivo del problema que debía resolver. Es decir, no es una receta ni una fórmula mágica que se piensa y se aplica, sino que forma parte de un proceso que no tiene fin, pues la solución que hemos encontrado resuelve el problema, pero a su vez genera uno nuevo.

* Luc Ferry y André Comte-Sponville, *La sagesse des modernes*, París, Laffont, 1998, p. 459.

Es algo aplicable en el fútbol, un deporte cuyas soluciones son siempre temporales y jamás definitivas, pues a cada solución que encuentra un entrenador le llega un nuevo problema generado por otro técnico.

No en vano, Klopp ha sido siempre un hombre que ha solucionado un problema tras otro, hasta que su pensamiento crítico le ha advertido de que quizá la última solución que le quedaba era decirle adiós a su proyecto.

Profundamente influido por Edmund Husserl, el francés Merleau-Ponty aseguraba que «la filosofía es un despertar, para ver más y transformar a mejor nuestro mundo».

Klopp siempre ha pensado y actuado en este sentido.

19

«LA ÚNICA VERDAD ES GANAR»
Osvaldo Zubeldía

Sócrates, Sindelar, Puskás y Cruyff se agitan en sus tumbas, desasosegados; ellos, que ganaron tanto y que tanto perdieron… También Nietzsche se revuelve en la suya; él, que sostuvo que las verdades eran muchas y siempre relativas porque, al fin y al cabo, «las verdades son ilusiones que han olvidado que lo son».

Para Hannah Arendt, «conceptualmente, podemos llamar verdad a aquello que no podemos cambiar».

«La verdad es la adecuación entre el entendimiento y la cosa», nos dijo Immanuel Kant.

«La única verdad es ganar», nos dice Zubeldía, que se abraza a Hegel, quien creía que la verdad necesariamente ha de ser absoluta porque es única.

La única verdad es ganar; luego perder significa la

no verdad, penetrar en el territorio de la oscuridad y la negación. Ganar es bien, perder es mal. La perpetua dialéctica en la que siempre se ha movido el fútbol: ataque-defensa, proactivo-reactivo, directo-indirecto, ganar-perder, bien-mal.

Cielo-infierno. De ahí se colige rápido lo que pretende Zubeldía: para acceder al cielo de la victoria, convirtamos el terreno de juego en un infierno. Para conquistar la verdad, que no nos importe usar la mentira o lo que sea necesario.

No podrán sorprendernos los métodos para vencer, esos alfileres que se clavan en los riñones de George Best, esas gafas de miope que le rompen al delantero del Feyenoord en medio de la final, esas golpizas constantes, algunas de las cuales terminan en la cárcel… *Antifútbol* lo llamaron. Consistió en erigir una filosofía nueva: no importa cómo, solo cuenta ganar.

La esencia del turbocapitalismo destilada en gotas de fútbol. Nada importa, salvo el triunfo. El dios dinero, el dios triunfo. Cualquier medio quedará legitimado por la victoria, porque la única verdad es ganar.

Zubeldía redobla su apuesta y afirma que quienes dicen que lo importante es competir son unos otarios, unos perdedores (los otarios son mamíferos marinos parecidos a las focas, pero Zubeldía se refiere a otra acepción del término: «Persona falta de inteligencia y de experiencia mundana, por lo que resulta fácil de engañar»).

Sócrates y el Brasil del *jogo bonito*, Sindelar y el maravilloso Wunderteam, Puskás y los Mágicos Magiares, Cruyff y su Naranja Mecánica... Todos se agitan desasosegados. Ellos fueron magos del balón, lideraron equipos prodigiosos, ganaron de manera extraordinaria, construyeron arte con sus pies; sin embargo, todos ellos alcanzaron la gloria eterna quizá más por una derrota que por sus abundantes y bellas victorias.

Sócrates (por supuesto, Sócrates Brasileiro Sampaio de Souza Vieira de Oliveira, no Sócrates de Atenas) cayó en Sarrià una tarde calurosa de julio de 1982 ante la Italia coriácea de Paolo Rossi. El Wunderteam de Sindelar se topó con otra Italia de hierro, la de Vittorio Pozzo, sobre el barro de San Siro en junio de 1934. También sobre el barro cayeron Puskás y los mágicos húngaros frente a la inesperada Alemania de Fritz Walter, protagonista del «milagro de Berna». Y contra otra Alemania, la de Beckenbauer, se frustró la Naranja Mecánica de Cruyff que tanto entusiasmo levantó durante el Mundial de 1974.

Todos ellos perdieron, pero todos ellos fueron tanta o más verdad que quienes los vencieron. Y, sin la menor duda, todos ellos conquistaron la gloria del fútbol pese a la derrota. ¿De verdad fueron perdedores?

Zubeldía fue un extraordinario entrenador, y su Estudiantes, un equipo formidable. Duro y bronco, pero formidable. Zubeldía fue pionero en estudiar a los rivales e intentar atacar sus debilidades. Maestro de la estrategia, dedicaba larguísimas horas a convencer a sus jugadores sobre las tácticas que emplear, en especial la del fuera de juego, que ejecutaban con maestría. Lo aprendió del Norrköping sueco, y le enseñó a Rinus Michels la mejor manera de realizar dicha estratagema.

Zubeldía elevó el nivel del fútbol argentino, estudió las virtudes del europeo, compitió con ferocidad, analizó junto con los árbitros cómo transitar por los límites del reglamento, trabajó duramente en eternas dobles sesiones diarias y convirtió la obsesión por el fútbol en norma consuetudinaria para cualquier entrenador futuro.

En ocasiones, sus hombres quebraron las reglas más elementales, pero también deleitaron con su espíritu indomable. Hicieron del verbo *competir* un mandamiento indeleble, lo que no deja de ser una paradoja vista la sentencia de su entrenador.

Competir es luchar por algo. Ganar es obtener lo que se disputa en un juego.

La verdad nunca fue unívoca. Hay verdad en la

victoria y la hay en la derrota, del mismo modo que puede haber gloria u oprobio en cualquiera de ellas.

Importa ganar e importa cómo se gana.

Hay tantas verdades como rostros, si bien al final pensamos que Nietzsche vence a Hegel.

20

«EL EQUIPO ES COMO UN EJÉRCITO. HAY QUE DEJARSE LA VIDA PARA GANAR»

Louis Van Gaal

Para entender a Van Gaal, el neerlandés, hay que leer a Von Clausewitz, el prusiano.

Van Gaal acierta en su enfoque. Un equipo de fútbol es, o ha de ser, como un ejército. Tiene que poseer una estrategia definida, unas tácticas claras y eficaces, una disciplina inteligente y un objetivo concreto, que suele consistir en ganar, aunque no solo se trata de vencer, sino que en muchos casos el objetivo puede ser más amplio (por ejemplo, desarrollar una idea concreta de juego o construir un legado).

«El equipo es como un ejército. Hay que dejarse la vida para ganar», dice el entrenador de hierro, aunque Carl von Clausewitz introduciría varios matices a dicha afirmación, que contiene una dosis evidente de demagogia y contradicción en ese «perder la vida para ganar».

Clausewitz ha sido el mayor estratega de la historia del arte militar. Escribió *De la guerra*, obra magna redactada entre 1816 y 1830, editada y publicada por su esposa, Marie von Clausewitz, poco después de la muerte del general. Como dijo Bernard Brodie, gran pensador estratégico norteamericano: «El suyo no es simplemente el más grande, es el único gran libro sobre la guerra».

Joven oficial prusiano derrotado por las tropas napoleónicas en Jena, batalla que convirtió a Napoleón en dueño y señor de Berlín y Europa oriental, Von Clausewitz reflexionó en los años siguientes sobre las razones de aquella apabullante derrota y desarrolló una nueva filosofía bélica que cambiaría la manera de combatir del ejército prusiano y de todas las tropas del mundo.

Así pues, nadie mejor que Clausewitz para entender a Van Gaal y, de paso, matizar ese «perder la vida para ganar».

El propósito del enfrentamiento, explica el militar prusiano en su obra, es «la destrucción del enemigo». La *Vernichtung* de las fuerzas rivales. Afirma que podrá haber otros objetivos, como, por ejemplo, el control del territorio, de los recursos o de las comunicaciones, pero incluso en el más marginal y subsidiario de los enfrentamientos lo que realmente importa es la destrucción de la totalidad de la fuerza enemiga. Esta aniquilación no simplemente contribuye al objetivo final, sino que en sí misma es una parte intrínseca del objetivo.

Añadamos un matiz crucial que realiza Clausewitz y que nos permitirá comprender y aceptar el exabrupto de Van Gaal: la destrucción de las fuerzas enemigas debe entenderse como una «reducción de la fuerza relativamente más grande que la de uno mismo».*

Consiste en una destrucción moral: la de la capacidad de resistencia del enemigo. «Matar su coraje más que a sus hombres».**

Es decir, Von Clausewitz busca en primer lugar la victoria, pero lo hace intentando preservar, por encima de todo, la vida de sus hombres, y para ello pretende la «destrucción moral», más que física, del enemigo.

Los matices del pensador prusiano no quitan valor a la reflexión del entrenador holandés, que no

---

* Carl von Clausewitz, *De la guerra*, Madrid, Tikal, 2015, p. 230.
** Sir Michael Howard, *Clausewitz. Una breu introducció*, Barcelona, Societat d'Estudis Militars, 2020, p. 44.

hace sino engarzar el fútbol con el arte militar, lo que podrá parecer inapropiado en estos tiempos de corrección política, pero que es una realidad incontrovertible. Fútbol y guerra son universos paralelos, afortunadamente de consecuencias bien distintas.

Cabrá profundizar en ello en el futuro, pero baste pensar que los primeros intérpretes del fútbol fueron nietos de los jinetes de Balaclava, jugadores que buscaban la gloria en batallas individuales contra los defensas. A partir de este inicio, el lenguaje usado en el fútbol, las metáforas empleadas y los conceptos fundamentales siempre se alimentaron del arte militar. Basta leer *El modo alemán de hacer la guerra*, de Robert M. Citino, una de las máximas autoridades sobre historia militar moderna, para descubrir en sus pasajes la esencia del juego de posición construido por Cruyff y propulsado por Guardiola.

Así pues, Van Gaal acierta en su comparación del equipo con un ejército. Toda su carrera de entrenador transpiró dicho pensamiento, en los momentos dulces y en los amargos. Sus palabras, sus acciones, todas sus intervenciones expresaron esa concepción militar que buscaba en sus equipos. Incluso algunos de sus exabruptos parecen propios de un suboficial bravucón. También en sus audaces estrategias y en sus tácticas brillantes afloran inequívocos conceptos militares.

Lo escribió Von Clausewitz, pero lo podría haber escrito Van Gaal: «La mejor estrategia siempre es ser el más fuerte; primero en general y después en el punto decisivo».

21

«LA DERROTA HACE QUE SEAMOS MALOLIENTES»
Marcelo Bielsa

Sócrates de Atenas nunca escribió nada. Todas sus enseñanzas nos han llegado a través de sus alumnos y seguidores. Poseía el don de la retórica y la oratoria, pero su aspecto desaliñado superaba los límites de la época. Apenas se le conocían necesidades ni debilidades, fuese por la comida o por el cobijo. Solía caminar descalzo por el ágora ateniense, de ahí que sus pies siempre estuvieran sucios, y su túnica, grasienta. Tenía fama de «maloliente». A cambio, su carisma era poderoso y su personalidad atraía la atención de los jóvenes más ilustrados de la ciudad.

Cuando Querefonte regresó de visitar Delfos, trajo una celebérrima respuesta del Oráculo que señalaba a Sócrates como el hombre más sabio de Grecia.

Ahí nació la amplia envidia contra él, que se propagó a través de los sofistas hasta acabar en una terrible sentencia de muerte.

Desaliñado, sucio y maloliente, Sócrates se empeñó en desafiar la autoridad y el control social por parte de las élites atenienses. Y, como bien explica el filósofo cordobés José Carlos Ruiz, cuando alguien cuestiona la soberanía de las élites «o si es legítimo que tengan tantas atribuciones, si es justo que ellos ostenten ese poder, si se puede hacer algo para cambiar la situación social en la que viven..., entonces pondrán todos los mecanismos de coacción y coerción para eliminar la peor amenaza de todas, la peor arma de destrucción masiva que existe en la sociedad: el pensamiento crítico libre».*

Sócrates no escribió nada.

Marcelo Bielsa tenía la secreta esperanza de que nunca sería «mencionado en ningún libro. En todo caso, no querría que fuera por ganar un título. Me gustaría más que fuera por las normas de conducta que usé para desarrollar mi tarea».

Como Sócrates, el pensamiento crítico nutre y alimenta el espíritu de Marcelo Bielsa: «Un buen conductor se forja en la derrota, cuando sus valores y su

---

* José Carlos Ruiz, *El arte de pensar*, Madrid, Almuzara, 2020, p. 182.

estilo generan respeto y credibilidad incluso en la adversidad».

Ah, puro Sócrates aplicado al fútbol: «No me quieras porque gané, necesito que me quieras para ganar». La razón es simple: «Quien es querido se siente más seguro y su sensación de fortaleza para enfrentar la tarea es superior».

Para Bielsa, el camino es lo único importante:

> Siempre les hablo a los jugadores del ángulo de noventa grados. El que cruza el jardín —lo decía César Luis Menotti— evitando el ángulo de noventa grados pisa las flores y llega más rápido, mientras que el que recorre el ángulo de noventa grados tarda más, pero no daña las flores; obviamente, yo ya sé que esto es filosofía barata dicha por un argentino que tiene la oportunidad de expresarse. Pero yo creo en ese tipo de cosas. Yo creo en que hay que valorar lo merecido y hay que soslayar o, al menos, tratar de no endiosar aquello que no se obtuvo merecidamente.

Los sucios pies de Sócrates recorren el ágora mientras su dueño elogia el mérito y desprecia los honores del éxito.

Bielsa lanza una advertencia:

> El fútbol lo magnifica todo, lo multiplica todo, lo

exagera todo. La victoria actúa fundamentalmente de ese modo, aunque la derrota también hace que las cosas parezcan mucho más graves de lo que son. Considero inconveniente que alguien —como me toca a mí, en este caso— exponga después de haber ganado. No es bueno que quien, circunstancialmente, ocupa un momento de reconocimiento sea el que difunda ideas, porque el que escucha se siente tentado a identificar esas ideas con el éxito, y eso no es conveniente. Las ideas que uno elige las elige con independencia de si el desarrollo de lo que resolvió va a ser exitoso o no. Las ideas, el marco ético, el marco legal, el reconocimiento de la virtud, la admiración por una forma de vida no tienen que ver con ganar o perder. De hecho, somos muchos más los que perdemos con frecuencia que los que ganamos, porque hay muchas más derrotas que triunfos. Yo aprendo más del derrotado que del ganador.

Aristóteles estaría orgulloso de Bielsa. Y Sócrates, por descontado, en especial si pudiera leer esto otro:

Yo observo con frecuencia cómo proceden los que acompañan a personas permanentemente discapacitadas; es gente que lucha y preserva trabajando sobre situaciones definitivas e inmodificables. O los que acompañan el cierre de la vida de quienes enfrentan el trance de morir. Son tareas que exigen una vida digna de estudio, tareas que, por cierto, son vistas sin la expectativa del éxito, sin la expectativa de la recompensa, del triunfo.

«La derrota hace que seamos malolientes», nos dice el entrenador argentino, maloliente como la túnica de Sócrates:

> Lo mejor del ser humano sale cuando el éxito nos abandona. Cuando uno martilla veinte veces mal y le acierta a la veintiuno, el acierto es producto de los errores anteriores. Les puedo decir que los momentos de mi vida en los que crecí tienen que ver con los fracasos, y los momentos de mi vida en los que empeoré tienen que ver con el éxito. El éxito es deformante, relaja, engaña, nos empeora, nos ayuda a enamorarnos excesivamente de nosotros mismos. El fracaso es todo lo contrario: es formativo, nos vuelve sólidos, nos acerca a las convicciones, nos vuelve coherentes.

Sócrates en Atenas: «Solo sé que no sé nada».
Bielsa en Buenos Aires: «Es perentorio saber qué es lo que no se sabe».*

---

*Eduardo Rojas, *Marcelo Bielsa. Los 11 caminos al gol*, Buenos Aires, Sudamericana, 2015, pp. 31-53.

Sócrates paseaba descalzo por el ágora mientras exigía espíritu crítico. Kant caminaba sesenta minutos diarios por la alameda de Königsberg, más puntual que el mejor de los relojes. Goethe lo hacía por el bosque de Webicht, en Weimar, donde rumiaba el modo de concluir su Fausto. Bielsa camina infatigable en la pradera de los banquillos de fútbol, reflexionando cómo convivir con la derrota...

Sócrates, Kant, Goethe, Bielsa... He ahí cuatro hombres que pasean de manera interminable. Pasean para pensar. Piensan mientras pasean. Como un vicio irrefrenable.

22

«EL FÚTBOL ES CADA VEZ MÁS UN AJEDREZ, Y EN EL AJEDREZ, SI PIERDES UN SEGUNDO LA CONCENTRACIÓN, ESTÁS MUERTO»

Sir Alex Ferguson

Ajedrez, fútbol y filosofía, tres disciplinas de perfección practicadas por humanos imperfectos.

Tres actividades que requieren paciencia y estrategia, que bucean en la esencia profunda de la naturaleza humana. Tres juegos que exigen reflexión personal, anticipación al adversario, adaptación al contexto. Tres quehaceres que manejan piezas y funciones, conceptos y teorías, ideas y razonamientos.

Ferguson tiene razón: pierdes la concentración y estás perdido.

Pero no solo en el fútbol. ¡En la vida!

Mucho antes de que Alex Ferguson estableciera un legado esplendoroso en el Manchester United, Karl Marx visitó la ciudad mancuniana para encontrarse con su amigo Friedrich Engels, otro filósofo enorme. Tuve la oportunidad de visitar hace poco la Chetham's Library, hermosa biblioteca, paraíso del intelecto, donde Marx y Engels redactaron *El manifiesto comunista*, folleto que recoge las bases previas del marxismo e incluye la concepción materialista de la historia, la lucha de clases y los conflictos del modo de producción capitalista.

A Ferguson y a Marx les une algo más que haber vivido momentos esenciales en Mánchester. Ambos fueron estudiosos de la concentración, que es un proceso psíquico consistente en centrar toda la atención de nuestra mente, de manera voluntaria, en un objetivo o en una actividad. El éxito de una concentración eficaz reside en lograr mantener el foco mental en dicha tarea, sin dejarse perturbar por hechos que ocurran alrededor.

Para el entrenador es una cualidad vital. Para el filósofo es una demostración de la voluntad humana.

Marx, que también fue buen ajedrecista, nos permite reunir a las tres disciplinas alrededor de nexos comunes.

Filosofía, fútbol y ajedrez, combinaciones fecundas y habituales.

El filósofo alemán Emanuel Lasker aún hoy es el campeón del mundo de ajedrez más longevo de la historia (1894-1921). Felix Magath, brillante futbolista y entrenador, campeón de Europa y de Alemania, llegó a enfrentarse a Garry Kaspárov en unas simultáneas, al igual que Quique Setién, jugador y técnico español, quien además jugó contra Anatoli Kárpov.

Magath creía que «todo futbolista debe jugar al ajedrez para que pueda entender mejor las estrategias del fútbol», mientras que Setién opina que el «fútbol es ajedrez, cada pieza cumple su función».

Jean-Paul Sartre, Bertrand Russell, el positivista Max Black, Benjamin Franklin (autor de *The Morals of Chess*), David Hume o Jean-Jacques Rousseau son otros formidables filósofos que practicaron con asiduidad este juego, al igual que los entrenadores Rafa Benítez o Ernesto Valverde, quien encontró grandes similitudes entre ambas disciplinas: «Control del centro, espacios, flancos, debilidades, superioridad numérica, movilidad, juego combinado o iniciativa. Nosotros siempre tratamos de dominar el centro del campo, algo parecido a lo que pasa en el ajedrez».

Magnus Carlsen querría ser futbolista más que supercampeón de ajedrez, de ahí que porfiara durante años para conocer a Pep Guardiola, quien tiempo antes se había hecho amigo de Kaspárov, que le aconsejó sabiamente desde su profundo conocimiento de la naturaleza humana, algo que no es más que sabiduría filosófica. Si Guardiola y Kaspárov debatieron sobre el valor y el peso del tiempo en la vida del deportista, Carlsen y el técnico catalán descendieron al debate de las tácticas específicas, compartiendo la trascendencia en ambas disciplinas de la apertura, el medio juego y el final. No es menor el detalle de que uno de los primeros entrenadores de ajedrez de Carlsen fuese Simen Agdestein, futbolista del Lyn Oslo e internacional por Noruega.

En un trabajo detallado sobre ajedrez y filosofía, Juvencio Blanco detalló que para Wittgenstein el ajedrez fue una herramienta que le permitió explicar aspectos de su teoría del lenguaje, «argumentando que las piezas del ajedrez adquieren significado solo dentro de las reglas del juego, similar a cómo las palabras adquieren significado en un lenguaje». Jean-Paul Sartre advirtió en el ajedrez «un reflejo de la libertad humana y la responsabilidad de nuestras elecciones, donde cada movimiento es una decisión que puede alterar el curso del juego, al igual que nuestras acciones determinan el curso de nuestras vidas».

El ajedrez es una filosofía con piezas, y el fútbol es un ajedrez con seres humanos, tal como siempre sintió Alex Ferguson, que hizo del fútbol un arte, de la filosofía, un camino, y del ajedrez, un modelo.

Sin embargo, ningún filósofo (ni Rousseau, ni Voltaire, ni Sartre), ni tampoco ningún ajedrecista (ni Capablanca, ni Fischer, ni Kaspárov), ni por descontado ningún entrenador (ni Ferguson, ni Valverde, ni Benítez) consiguieron jamás construir una afirmación tan demoledora como la de ese buen futbolista alemán que es Lukas Podolski: «El fútbol es como una partida de ajedrez, pero sin dados».

23

«YA APRENDIMOS A PERDER, AHORA ESTAMOS LISTOS PARA GANAR»

Jupp Heynckes

Sócrates y la mayéutica.
Platón y la dialéctica.
Aristóteles y la retórica.
Nietzsche y el fracaso.
Cuatro hitos de la filosofía.

El éxito y el fracaso son hermanos de sangre, nos dice Nietzsche: «Todas las formas de sufrimiento y fracaso deben ser abrazadas como desafíos que superar en la búsqueda de la felicidad».

Así pues, el éxito es un camino que ha sido empedrado con adoquines de derrota.

Con unas u otras palabras, se lo hemos escuchado a grandes hombres.

Michael Jordan: «El fracaso no es más que una parte del camino hacia el éxito».

Bill Gates: «Está bien celebrar el éxito, pero es más importante aprender las lecciones del fracaso».

Albert Einstein: «El fracaso es un éxito en progreso».

Friedrich Nietzsche: «Lo que no me mata me hace más fuerte».

La derrota puede entenderse como fracaso, pérdida, desastre o sometimiento. En cualquier caso, la derrota es el germen del éxito, con una condición: antes debes aprender las lecciones que se desprenden de ella.

Buen conocedor de la naturaleza humana, Nietzsche entiende el éxito no como un fin en sí mismo, pues lo considera «un gran mentiroso», sino como un proceso constructivo mediante el cual se superan adversidades y desafíos que mejoran al hombre.

El tránsito como esencia humana, así lo afirmó su Zaratustra: «La grandeza del hombre está en ser un puente y no una meta: lo que en el hombre se puede amar es que es un tránsito y un ocaso».*

Hace casi un siglo, el entrenador más exitoso en los Mundiales, el italiano Vittorio Pozzo, reflexionó

---

* Friedrich Nietzsche, *Así habló Zaratustra*, Madrid, Alianza, 2011, p. 36.

después del fiasco de su selección en los Juegos Olímpicos de 1912, cuando cayeron eliminados en el primer partido a manos de Finlandia: «Reconocer la derrota es la primera etapa de la victoria. Si nunca fracasas, jamás aprenderás a mejorar. El único fracaso real es no intentarlo en absoluto. Solo los verdaderos campeones salen a demostrar su valía tras la derrota».*

Pozzo encadenó estas ideas en una *trattoria* que frecuentaba en Florencia con sus jugadores. Se empeñó en aprender lecciones de la derrota y resurgió en una mejor versión, y así condujo a Italia a ganar los títulos mundiales de 1934 y 1938, amén del olímpico en 1936.

«Ya aprendimos a perder, ahora estamos listos para ganar», nos dice Jupp Heynckes, alemán sobrio de palmarés fecundo.

Fue un jugador eléctrico y eficaz, y un entrenador flexible y audaz. Sus éxitos casi siempre llegaron en momentos inesperados, en etapas provisionales, cuando no parecían previsibles. Heynckes se acostumbró a entender bien sus derrotas y vivió el éxito siempre en tránsito, como si jamás quisiera plantar raíces.

Su compatriota Jürgen Klopp enarboló la misma

---

* Mauro Grimaldi, *Vittorio Pozzo. Storia di un italiano*, Roma, Stampa Sportiva, 2001, p. 25.

filosofía: «Realmente, creo que cuanto mejor te comportes en los momentos bajos, más rápido volverás a los momentos buenos».

Otro contemporáneo, Pep Guardiola, me dijo en cierta ocasión: «Yo quiero ganar siempre, pero sé que no es posible, así que por lo menos quiero elegir cómo pierdo».

La derrota es la condición previa y necesaria para caminar por los adoquines del éxito porque te obliga a reflexionar, a responsabilizarte, a reconocer y reconocerte; en definitiva, te exige aprender y te desafía hasta las últimas consecuencias.

Toda derrota tiene solución, aunque hubo una excepción en la historia.

Fue aquella de Brasil en Maracaná, en 1950, una derrota sin remisión, sin paliativo. No hay filosofía que hubiera podido solucionar aquella caída, que fue como una muerte en vida y que tan excelentemente retrató Eduardo Galeano: «Cuando llegó el gol de Ghiggia, estalló el silencio en Maracaná, el más estrepitoso silencio de la historia del fútbol».*

---

* Eduardo Galeano, *El fútbol a sol y sombra*, Madrid, Siglo XXI, 1995, p. 98.

24

«EL PROBLEMA DE LOS FUTBOLISTAS DE HOY ES QUE TIENEN DEMASIADAS DISTRACCIONES»

Franz Beckenbauer

Beckenbauer salta al césped del Estadio Olímpico de Múnich luciendo la camiseta rojiblanca del Bayern. Es otoño en la capital bávara, pero aún flota en el ambiente el recuerdo de los Juegos Olímpicos celebrados pocas semanas antes, trágicamente marcados por el asesinato de deportistas israelíes en un atentado perpetrado por Septiembre Negro.

Contra la tragedia, humor. O eso creen los Monty Python, que eligen el magno estadio como escenario de una grabación que pasará a la historia: el partido de fútbol entre filósofos.

Capitaneados por Sócrates, saltan al campo los filósofos griegos, luciendo sus largas túnicas. Ahí están Heráclito y Sófocles, también Aristóteles y Platón. La sorpresa en la alineación es la presencia de Arquímedes, interpretado por John Cleese, que secunda a Epicuro y Demócrito. El entrenador es Tales de Mileto.

Enfrente, los alemanes, vestidos de manera impecable, cuyo capitán es Hegel; el entrenador, Martín Lutero. La alineación es impactante: juegan Schopenhauer, Nietzsche, Heidegger y Kant, entre otros. Karl Marx espera en la banda como suplente. Y, entre todos ellos, un único futbolista: el Káiser Beckenbauer.

El partido es una maravilla del humor. Tras el pitido inicial del árbitro, que no es otro que Confucio, el balón permanece inmóvil sobre el círculo central mientras a su alrededor revolotean los filósofos de uno y otro bando, reflexionando, pensando, conversando entre sí, intentando comprender la realidad del balón, del terreno de juego y del propio fútbol. Pasan los minutos y Nietzsche recibe una tarjeta amarilla por acusar al árbitro de «no tener libre albedrío». Cuando el partido sin balón casi agoniza, Sócrates ilumina su rostro. Ha tenido una idea y grita: «¡Eureka!». Se abalanza sobre el esférico, lo mueve hacia delante y combina con varios filósofos griegos, que burlan sin dificultad a los aturdidos alemanes hasta que el propio Sócrates consigue el tanto del triunfo. Los griegos han descubierto la naturaleza del fútbol, mientras los alemanes protestan airadamente la acción. Marx reclama que es fuera de juego, aun sin saber qué significa exactamente eso, mientras Kant se inclina por afirmar ante el árbitro que «deontológicamente, el gol solo existe en la imaginación».

Beckenbauer, el único futbolista sobre el campo, no se ha movido en todo el partido, ni siquiera durante el ataque griego, en lo que es otro guiño maestro de los Monty Python, que vienen a demostrar la gran conexión entre fútbol y filosofía; al fin y al cabo, Beckenbauer no ha demostrado ser más ágil que Schopenhauer, ni este más inteligente que el futbolista. El humor los ha igualado a todos.

Probablemente, fue la única ocasión en que el Káiser fue dócil como futbolista, pues era un tipo reivindicativo y exigente. En el Bayern o en la selección nacional, siempre se mostró firme y duro en sus pretensiones. Nunca lo fue tanto como en el Mundial de 1974, que se disputó en territorio alemán y que comenzó con una crisis gigantesca en el interior de la selección. Los convocados para defender a Alemania Occidental tenían un problema: querían más distracciones y les preocupaba el dinero...

Básicamente, las mismas razones que años más tarde criticaba el propio Beckenbauer cuando afirmaba:

El problema de los futbolistas de hoy es que tienen demasiadas distracciones. Antes, nuestros antiguos jugadores venían a ver los entrenamientos con revistas de fútbol en la mano. Ahora, la mayoría de las veces están consultando las cotizaciones bursátiles.

En realidad, el fútbol siempre ha convivido con estas dos compañías: la distracción y el dinero. Véase lo que confesaba Dante Panzeri al explicar cómo vivían las principales figuras de la Máquina de River:

> Es verdad mucho de lo que se dijo. Aquellos muchachos nunca tuvieron nada de químicamente puros. Vapores extraños entraron con ellos en la cancha. ¡Y los eliminaban con una movilidad desintoxicante de veinte minutos, tras los cuales empezaban a jugar como el físicamente más entero! Es posible admitir (no justificar) que aquellos superdotados como José [Manuel Moreno] y Adolfo [Pedernera] hayan jugado con el estilo y la perfección que lo hicieron, precisamente porque viviendo alegres fuera de la cancha traían a ella los efectos de aquella fisonomía de vida. Tal como aquel Santos de Pelé, en permanentes parrandas dentro de aquel fútbol trotamundos.*

* Carlos Peucelle, *op. cit.*, p. 155.

La parranda, he ahí el hilo que une a todas las generaciones del fútbol... Además del dinero.

Plinio Garibaldo, que era directivo de River Plate, explicaba de qué manera había cambiado el afán económico de los futbolistas con respecto a lo que sucedía en los años cuarenta:

> Aquellos jugadores eran de otra pasta. Vivían, pensaban y sentían como jugadores. Los de hoy son financistas. Aquellos vivían para jugar y divertirse. Les gustaba la buena vida, eran trasnochadores. A los de hoy les sobra el espíritu financiero. Juegan al fútbol, pero viven de los negocios. No tienen amor propio, la ambición deportiva de aquellos que cobraban por jugar, sí, pero sentían el deseo de jugar bien y ganar seguido, por ellos mismos, no por el premio que les iban a dar. Aquellos jugadores nos hacían travesuras, sí; pero estos de hoy nos hacen planteos económicos y además no juegan... porque trabajan.*

Así que Beckenbauer no es que descubriera la pólvora en los años noventa, cuando se proclamó campeón del mundo como entrenador. Por lo demás, lo cierto es que antes de hablar podría haber recordado lo que él mismo protagonizó en vísperas del Mundial del 74.

* *Ibid.*, p. 156.

Faltan cinco noches para que comience la Copa del Mundo y la selección alemana está metida en una suerte de búnker, en un bosque de Malente, cerca de Hamburgo. Policías con perros pastores alemanes patrullan por los exteriores. Los jugadores están encerrados día y noche, lo que no ha impedido que Hoeness y otros futbolistas hayan burlado varias veces la vigilancia y se hayan escapado hasta la ciudad en busca de distracciones.

A las tres de la madrugada, nadie duerme en Malente porque ha estallado la rebelión. Los jugadores exigen una buena prima a la federación en caso de ganar el título mundial. Al principio, la federación no ofrece nada: deben jugar por amor a su país. Pero los jugadores se plantan y piden cien mil marcos por cabeza, algo parecido a lo que recibirán los neerlandeses y los italianos. Paul Breitner se encara a gritos con el seleccionador, el sabio y moderado Helmut Schön, mientras Maier, Müller, Netzer y Hoeness amenazan con no jugar. Enfadado a rabiar, Breitner hace la maleta y se dispone a abandonar el retiro. En cuanto le informan al respecto, Schön también prepara su equipaje y plantea a la federación un dilema: o él o los jugadores. Quiere que se marchen los veintidós seleccionados y traer a otros veintidós. De lo contrario, él abandona. Lo dice con dos maletas ya preparadas en la puerta de la habitación. La FIFA es informada del terremoto.

El conflicto tiene una tercera vertiente. Desde su habitación, Beckenbauer negocia la prima con el vicepresidente de la federación, Helmut Neuberger. A las tres y media de la madrugada, recibe una oferta final de setenta mil marcos por cabeza; muy hábil, en vez de aceptarla, pospone la decisión a una votación de todos los convocados. Antes tiene que convencer a Breitner para que deshaga la maleta y a Hoeness para que olvide sus escapadas.

La votación arroja once hombres a favor y once en contra. Como capitán, Beckenbauer decide aceptar la oferta y seguir adelante. A regañadientes, el seleccionador Schön también deshace sus maletas.*

Los primeros partidos son un horror. La cabeza de los jugadores está en todas partes menos en el terreno de juego. El peor momento es una terrible derrota contra Alemania Oriental. Y, sin embargo, el torneo finalizará con el inesperado triunfo del equipo de Beckenbauer, que alzará la copa mientras se embolsa un suculento cheque.

Decía Friedrich Nietzsche que el dinero debería convertirse en una consecuencia de las relaciones, en lugar de ser su fuente, pero en el caso de aquella selección alemana el dinero fue la causa de la mejora de las relaciones internas. Otro pensador, Georg Simmel,

---

* Uli Hesse, *Tor!*, Londres, WSC, 2013, pp. 192-194.

advertía de que el dinero puede aislar, «al interponerse entre las personas como un mediador sin alma», aunque Beckenbauer discutiría con ahínco frente a su compatriota. Mejor se sentiría con Platón, que elogiaba el dinero no solo por su utilidad, sino también porque construir la riqueza propia es una creación humana muy digna.

Beckenbauer, genial futbolista, discreto entrenador, desmemoriado pertinaz, filósofo despistado, nos muestra las dos varas de medir que tenemos los humanos: es bueno si lo hago yo, es malo si lo hacen los demás...

25

«NINGÚN JUGADOR ES TAN BUENO COMO TODOS JUNTOS»
Alfredo Di Stéfano

Pocas actividades colectivas han sido tan fecundas para el individualismo como el fútbol.

Claro, hay artes que por su propia naturaleza exigen el ascenso y fulgor de la figura individual: pensemos en la pintura o en la ópera. En estos casos, el individualismo *va de soi*...

Pero hablamos de fútbol, deporte colectivo. Y, sin embargo, la dicotomía entre individuo y colectividad ha agitado este juego desde sus orígenes. Los ingleses lo inventaron como un deporte individual en el que se juntaban once futbolistas para hacer la guerra cada uno por su cuenta. Esta idea puede parecernos irracional hoy en día, pero en 1863 era la única en vigor hasta que los escoceses primaron el colectivo por encima del individuo. Y, desde entonces, se mantiene la tensión entre ambos conceptos.

El filósofo coreano Byung-Chul Han nos dice:

> Hoy vivimos en un sistema neoliberal que elimina estructuras estables en el tiempo [...]. Y el neoliberalismo individualiza al hombre, convirtiéndolo en un aislado empresario de sí mismo. La individualización que acompaña a la pérdida de solidaridad y a la competencia total provoca miedo.*

¿Individuo social, sociedad individualista? Desde los primeros griegos, el ser humano se debate entre ambos polos y el fútbol no es ajeno a ello.

En el territorio intermedio entre la filosofía y el fútbol, es decir, en el arte militar, Von Clausewitz explicó esta dicotomía de un modo ejemplar:

> La máquina militar es básicamente muy simple y muy fácil de gestionar, pero hemos de tener *in mente* que ninguno de sus componentes es una sola pieza: cada parte está compuesta de individuos, cada uno de los cuales retiene su potencial de fricción. Un batallón está compuesto de individuos, el menos importante de

---

* Byung-Chul Han, *La expulsión de lo distinto*, Barcelona, Herder, 2017, p. 56.

los cuales puede retardar las cosas y a veces hacer que funcionen mal.*

El equilibrio inestable entre el talento del individuo y la potencia del colectivo ha condicionado el tránsito humano desde el principio de los tiempos y seguirá marcando el fútbol con tinta indeleble.

Una de sus grandes estrellas, filósofo a su pesar, fue el genial Di Stéfano, autor de memorables partidos y no menos celebradas frases.

Fue él quien condujo a los jugadores a los que entrenaba a una conclusión que sorprendió a todos.

—¿De qué está hecho un balón? —preguntó Di Stéfano.

—De cuero —respondieron sus jugadores.

—¿Y de dónde se saca el cuero?

—De la vaca.

—¿Y qué comen las vacas?

—Pasto.

—Pues dejad el balón en el pasto, chicos, es donde se supone que tiene que estar.

Fue una hermosa forma de rechazar el juego de balones largos y pelotazos sin sentido.

Para Di Stéfano, que fue uno de los mejores juga-

---

* Carl von Clausewitz, *op. cit.*, p. 119.

dores de siempre, «ningún jugador es tan bueno como todos juntos».

Podríamos matizar que este fue su pensamiento cuando ejerció de entrenador, pero que no pensaba lo mismo cuando jugaba. Sin embargo, más allá de esta razonable contradicción interna, su reflexión fue una invitación al debate. Sin duda, el espectador optará siempre por el futbolista individual que destila talento, pero cualquier entrenador optará por la fuerza del colectivo.

Dicotomía irresoluble si pensamos en términos de vida, pero mucho más sencilla en el fútbol.

Pelota al pasto y prioridad al colectivo.

26

«EL SÁBADO YA PIENSO QUE TIENEN QUE JUGAR LOS MISMOS CABRONES DE SIEMPRE»

John Benjamin Toshack

Dudo, luego existo.

Este es el mantra de Toshack, un galés con un buen sentido del humor y pensamiento cartesiano.

Evidencia, análisis, deducción y comprobación. Las cuatro reglas de la duda metódica que postuló Descartes.

El filósofo francés puso en duda todo lo existente y poco a poco rechazó elementos y principios, para encontrar verdades seguras, tangibles y fácticas de las que no fuera posible dudar en absoluto.

Lo mismo hace John Benjamin Toshack una tarde de abril de 1999, después de que su Real Madrid haya empatado tristemente frente a la U. D. Salamanca

(1-1). Enfadado por el errático rendimiento del equipo, el entrenador reflexiona sobre las dudas que brotan en su intelecto. Usa el método cartesiano, que transcurre a través de tres etapas. La primera es el rechazo a la información que recibimos de los sentidos. La segunda, la indistinción entre la vigilia y el sueño. La tercera, la hipótesis del genio maligno.

Veamos cómo describe Descartes a ese genio maligno:

> Supondré que cierto genio o espíritu maligno, no menos astuto y burlador que poderoso, ha puesto su industria toda a engañarme; pensaré que el cielo, el aire, la tierra, los colores, las figuras, los sonidos, y todas las demás cosas exteriores no son sino ilusiones y sueños de que hace uso, como cebos, para captar mi credulidad; me consideraré a mí mismo como sin manos, sin ojos, sin carne, sin sangre; creeré que sin tener sentidos, doy falsamente crédito a todas esas cosas; permaneceré obstinadamente adicto a ese pensamiento y, si por tales medios no llego a poder conocer una verdad, por lo menos en mi mano está el suspender mi juicio. Por lo cual, con gran cuidado procuraré no dar crédito a ninguna falsedad, y prepararé mi ingenio tan bien contra las astucias de ese gran burlador que, por muy poderoso y astuto que sea, nunca podrá imponerme nada.

Y tras la descripción, la inevitabilidad de la vida:

Mas este designio es penoso y laborioso, y cierta dejadez me arrastra insensiblemente al curso de mi vida ordinaria; y como un esclavo que sueña que está gozando de una libertad imaginaria, al empezar a sospechar que su libertad es un sueño, teme el despertar y conspira con sus gratas ilusiones para seguir siendo más tiempo engañado, así yo vuelvo insensiblemente a caer en mis antiguas opiniones y temo el despertar de esta somnolencia, por miedo de que las laboriosas vigilias que habían de suceder a la tranquilidad de mi reposo, en lugar de darme alguna luz en el conocimiento de la verdad, no sean bastantes para aclarar todas las tinieblas de las dificultades que acabo de remover.*

Toshack se inspira en Descartes. Duda, retuerce su intelecto en busca de certezas, sigue dudando, y finalmente cae víctima del genio maligno. Ha querido cambiar a todos los integrantes del equipo, pero la realidad acaba siendo más terca que su voluntad: «Los lunes pienso en cambiar a diez jugadores; los martes, a ocho; los jueves, a cuatro; el viernes, a dos,

---

* René Descartes, *Discurso del método y meditaciones filosóficas*, Madrid, Tecnos, 2002, pp. 152-153.

y el sábado ya pienso que tienen que jugar los mismos cabrones de siempre».

La inevitabilidad de la vida...

Toshack lo pespuntea con esa sonrisa pícara tan propia de su humor galés. También él puede considerarse pupilo feliz de la escuela cínica, la que fundó Antístenes, acérrimo rival de Platón, con ese odio mutuo que había entre ambos filósofos griegos. Al igual que piensa Toshack, Antístenes afirma: «La virtud está en las acciones y no en las muchas palabras».

La forma de vida que había adoptado la civilización griega era perversa, creían los cínicos, de ahí que abogaran por modos sencillos de vivir, acordes con la naturaleza. La gran incertidumbre de la época en que vivían los llevó a promover dicho sencillo estilo de vida como antídoto. Su esencia es que, dado que la vida es incierta, vivamos de manera sencilla y seamos felices.

Como buen cínico, Toshack habla con sus acciones, más que con sus palabras: «Es más fácil ver un cerdo volando sobre el Bernabéu a que yo rectifique», dice tras ser destituido por Lorenzo Sanz en noviembre de 1999.

27

«EL GOL HA DE SER UN PASE A LA RED»

César Luis Menotti

En algún momento del siglo XIX, Robert Walpole Sealy Vidal realizó una proeza que jamás ha podido repetir ningún otro futbolista, ni Maradona, ni Pelé, ni Cruyff, ni Messi...

El reverendo Vidal logró marcar tres goles seguidos sin que nadie del equipo rival tocara el balón en ningún momento. El lector se preguntará cómo fue posible semejante *hat-trick*, el primero del que se tiene constancia.

Pues bien, la culpa la tuvo el reglamento. En aquella época, cuando el fútbol apenas cumplía sus primeros diez años de vida, el equipo que marcaba un gol volvía a sacar de centro. Sealy Vidal anotó el primer gol en una acción individual, como todas las que protagonizaban los delanteros de la época; a continuación, sacó el balón de la red rival, lo puso él mismo en movimiento desde el círculo central, regateó nuevamente a los contrincantes y marcó su segundo tanto; luego, volvió a sacar la pelota de la red enemiga, regresó al centro del campo, puso el esférico en movimiento, corrió por el terreno de juego regateando rivales y acabó marcando su tercer gol en pocos segundos. Su increíble hazaña tuvo como consecuencia el inmediato cambio de reglamento, que se produjo en 1877: pasó a sacar de centro el equipo que había encajado gol.

Semejante proeza pudo darse no solo porque la normativa lo permitía, sino porque en sus orígenes el fútbol fue un juego individual y no colectivo, donde cada acción de ataque la protagonizaba un solo delantero que luchaba cara a cara contra un defensa. El esprint, el regate y el disparo eran las tres herramientas del atacante en un deporte completamente inspirado por el espíritu victoriano y posromántico que pretendía idolatrar al héroe individualista. De ahí que, si bien se alineaban ocho o nueve delanteros contra uno o dos defensas, en realidad, no se producía la previsible superioridad numérica, pues cada acción era un duelo hombre contra hombre.

Después de que R. W. S. Vidal anotara ese legendario *hat-trick* no solo llegó el cambio de norma. Sobre todo, aparecieron los escoceses y su gran invento: el pase.

Si en Inglaterra el fútbol comenzó siendo practicado por los hijos más insignes del imperio, en Escocia lo jugaba la clase trabajadora. Richard McBrearty, historiador escocés, me explicó que el juego inglés destacó al principio por la conexión «cultural entre las élites sociales y su individualismo», lo que contrastaba con «la confianza de la clase trabajadora escocesa en el colectivismo y la solidaridad». A partir de esta dicotomía cultural y social, el fútbol inglés desembocó en su célebre juego directo, mientras que el escocés se abrazó al no menos célebre juego de pases.

Los escoceses eligieron el pase como herramienta fundamental de su fútbol «porque necesitaban una táctica colectiva para vencer a oponentes más grandes y más fuertes». Cada jugador inglés pesaba unos doce kilos más que su homólogo escocés. Así, a falta de fuerza, los escoceses eligieron el juego colectivo, la asociación entre sí en forma de triángulos que avanzaban por el terreno pasándose el balón, mientras los ingleses continuaban su cruzada individualista.

Bernard Joy, mediocentro del Arsenal, explicó algunos años después que gracias al pase escocés «el juego entró en una fase más inteligente y agradable, en la que el desarrollo de los movimientos de pase condujo a formas más sutiles de expresar el arte del ataque».*

Tengo serias dudas de que a Menotti le hubiera entusiasmado la proeza de Sealy Vidal. Creo más bien que la habría considerado una performance sin más, divertida por anecdótica, pero alejada de su concepción del juego colectivo. El Flaco gustaba de ver a sus equipos pasándose el balón hasta reventar al contrincante, tras lo que inevitablemente llegaría la sentencia con forma de pase a la red. Menotti era «escocés», de ahí que adorase el pase y aún más el pase a la red.

En su opinión, el pase es un símbolo de inteligencia:

> Hay una inteligencia que debemos ver y saber interpretar. Por ejemplo, en la zona de gestación, hay que decirle al jugador que el pase de gol nace solo, jugando. No se busca: aparece. Son pases sorpresa. Porque, si lo busco, aviso, alerto y, por lo tanto, no aparece. Hay que tocar, distraer... hasta que surja la jugada de gol.**

El qué y el cómo han sido dos de los vectores que han agitado a los filósofos desde tiempo inmemorial.

---

* Bernard Joy, *Soccer tactics*, Londres, Phoenix, 1956, pp. 44-45.

** César Luis Menotti, *op. cit.*, p. 84.

Menotti resuelve la agitación afirmando que el cómo es el qué. El gol es el pase.

No es el qué, no es el gol por el gol, no es el triunfo por el triunfo. Lo decisivo en el fútbol, su esencia ética y lo que lo convierte en perdurable y memorable, es el camino que se recorre hasta llegar al éxtasis del tanto. Lo vital es cómo llegamos a él.

Todos los goles valen lo mismo, pero no todos se sienten igual. Hay goles de destreza y habilidad, otros de fuerza pura, algunos de rebote involuntario; los hay de picardía y astucia, o de tesón y empeño; los hay que surgen desde la energía eléctrica del delantero o a partir del empuje ciclópeo del defensa. Goles que entusiasman y enloquecen, goles que sanan los corazones y nublan los ojos.

Y los hay que brotan de la inteligencia. Esto es lo que enarbola Menotti en su reivindicación imperativa: «El gol ha de ser un pase a la red».

El gol ha de ser fruto de una secuencia armónica de acciones, mayoritariamente colectivas, en la que intervengan un buen número de jugadores y que culmine con la dulzura con que el cartero de Neruda elige las metáforas para su amada.

El Flaco solía filosofar. Eso implica que nunca jugó ni hizo jugar a sus equipos sin antes haber pensado en el juego, sin una reflexión previa sobre los propósitos y los medios. Para él, la elección de los caminos por recorrer era tan trascendental como el resultado que se obtenía, o incluso más. Pero no confundamos al lector: la pretensión de elegir el camino idóneo nunca le hizo perder de vista el objetivo final del gol y del triunfo. Solo que él disfrutaba dirigiendo a sus equipos y quería saborear el fútbol en su mejor esencia.

«¿Cómo ejercitamos el talento? —se preguntaba—. Planteándole problemas. Haciéndolo pensar. Planteándole todas las variantes en lo individual y en lo colectivo que tiene la competencia. Dándole conceptos».

Inevitable recordar a Deleuze y Guattari cuando afirman que «la filosofía es el arte de formar, de inventar, de fabricar conceptos».* O a Wittgenstein, que decía: «El objeto de la filosofía es la aclaración lógica del pensamiento».**

Es probable que nadie haya pensado tanto el fútbol como Menotti, que nos dejó afirmaciones tan sugerentes como las siguientes:

- La emulación ha sido lo único que en fútbol ha permitido la evolución.

---

* Gilles Deleuze y Félix Guattari, *¿Qué es la filosofía?*, Barcelona, Anagrama, 2006.
** Ludwig Wittgenstein, *Tractatus logico-philosophicus*, Madrid, Alianza, 2012.

- Defender no es interrumpir el juego. Se defiende también para recuperar la pelota.
- La línea más recta no es la más rápida en fútbol.
- No existe la táctica, antes que el equipo, antes que el entrenamiento.
- Cuando está bien hecho, el contraataque debe ser masivo, sorpresivo y con engaño.
- El fuera de juego hay que tirarlo en jugadas que implican peligro para nosotros.
- Se comienza por distraer. Distraer significa engañar. Y para gestar hay que saber distraer. Hay que distraer hasta que aparezca la jugada de gol.

Y, para finalizar, otra más de sus abundantes ideas: «La grandeza está en la obra. Siempre hay que intentar jugar, respetando la historia, la grandeza. Nada justifica elegir otro camino».

28

«EL MOMENTO MÁS OPORTUNO PARA MARCAR GOL ES INMEDIATAMENTE DESPUÉS DE REPELER UN ATAQUE RIVAL»

HERBERT CHAPMAN

No me consta que Herbert Chapman fuese un ávido lector de libros, pero es obvio que fue el primer gran genio del fútbol mundial; posiblemente, solo Johan Cruyff puede rivalizar con él en genialidad.

O quizá sí leyera, durante alguno de los largos trayectos en tren que realizaba por territorio inglés, el *Tratado de la naturaleza humana*, de David Hume:

> La ciencia del hombre es la única base sólida para las otras ciencias. El método de esta ciencia requiere tanto la experiencia como la observación y fundamentos de un argumento lógico.

Quizá eligió a Sun Tzu y su *Arte de la guerra*, con el que acertó a estructurar el pensamiento racional dentro del juego del fútbol, es decir, comenzó a dar prioridad a las ideas antes que a las patadas sin sentido.

Hume o Tzu, o ambos, se dieron cita en la mente de Chapman cierta tarde de noviembre de 1907, en el húmedo estadio de County Ground, donde el Norwich City —que aquel día estrenó su célebre camiseta color amarillo mostaza— dio buena cuenta del Northampton Town, el modesto equipo en el que Chapman ejercía de entrenador-jugador. La dura derrota podría achacarse al embarrado terreno de juego, a la lluvia y el tiempo plomizo que cayó aquel sábado, a la impericia de Fred Lessons (el delantero centro) o a cualquier otra razón, pero Chapman eligió el método de David Hume y transformó la observación en argumentos lógicos: «Un equipo puede atacar durante demasiado tiempo», dijo sin amilanarse, pese a ser novel en el puesto. De lo que había observado desde el interior del terreno de juego dedujo que su equipo había mostrado un exceso de voluntad ofensiva.

«No hay que atacar demasiado», pensó, y lo dijo días más tarde... Chapman siempre dejaba pasar cinco o seis días antes de reflexionar en voz alta sobre lo ocurrido en un encuentro, algo que nos recuerda lo sabio que era.

Stephen Studd describió que en aquel partido los centrocampistas del Northampton «presionaron demasiado fuerte por detrás de sus atacantes, por lo que el Norwich quedó encerrado en su propia área. Chapman se dio cuenta de que era mejor plan retirar momentáneamente dicha presión para abrir el juego y permitir que los defensores rivales salieran de su área, y luego aprovechar rápidamente los espacios resultantes. Y así, al margen de la derrota, surgió un nuevo estilo de juego, un estilo orgánico, donde los delanteros retrocedían para ayudar a la defensa, para atraer fuera del área a los oponentes y también para bloquear su avance».*

No hay que atacar demasiado porque, si lo haces, estás provocando un efecto perverso y contrario a lo deseado: acorralas al enemigo en su área y tú mismo limitas tus opciones al reducir los espacios por los que puedes atacar.

Si Sun Tzu no estuvo aquella noche en la cabeza de Chapman, merecería haberlo estado. Atacar demasiado puede ser contraproducente, pensó el entrenador, coincidiendo con lo que siglos antes había escrito

---

* Stephen Studd, *Herbert Chapman. Football emperor*, Londres, Souvenir, 1998, pp. 37-38.

el filósofo chino: «La naturaleza de la fuerza militar es evitar lo lleno y atacar lo vacío».*

En los siguientes partidos del Northampton, Chapman desarrolló la idea, dotándola de más y mejores argumentos: «El momento más oportuno para marcar gol es inmediatamente después de repeler un ataque rival, porque los oponentes quedan atrapados en la mitad equivocada del campo».

Parecía haberse inspirado nuevamente en Sun Tzu: «Para tomar infaliblemente lo que atacas, ataca donde no haya defensa».**

Chapman demostró su genialidad a partir de estos principios descubiertos en la lluviosa tarde de Northampton. Había descubierto la trascendencia de los espacios libres a espaldas de los defensas rivales, con lo que instruyó a sus jugadores para que permitieran al oponente salir de su muralla a campo abierto, momento en que debían atacar duro. Inventó el concepto del contraataque, incluso situando a los extremos a pierna cambiada para facilitarles los caminos interiores hacia el gol. Entendió que era positivo regalar de vez en cuando el balón al contrincante para que se confiara y se sintiera cómodo antes de asestarle un golpe letal.

* Sun Tzu, *El arte de la guerra*, Madrid, Arca, 1993, p. 63.
** *Ibid.*, p. 57.

Chapman fue un genio por otras cien cosas que también inventó. Convirtió el fútbol en un arte mucho más rico y sofisticado, y de su maestría han bebido todos los demás entrenadores desde hace un siglo. Es conocido por haber inventado la WM, pero, a mi entender, este fue un logro táctico menor en comparación con la brillantez del descubrimiento de los espacios libres y la importancia de no atacar demasiado, sino en los momentos adecuados. Murió de forma prematura la noche de Reyes de 1934 a causa de una neumonía que se agravó al empecinarse en asistir a un partido que el tercer equipo del Arsenal jugaba contra el Guilford City.

Solo Cruyff, que situó el balón en el centro del universo del fútbol, admite comparación con este hombre juicioso que de David Hume aprendió que el conocimiento deriva de la experiencia observada, y de Sun Tzu, que la virtud es un sinónimo de la adaptación.

Como dijo el filósofo chino: «Se llama genio a la capacidad de obtener la victoria cambiando y adaptándose al enemigo».

Exactamente eso fue Chapman.

29

«CUANTO MÁS RÁPIDA VA LA PELOTA, MÁS RÁPIDA VUELVE»

Juan Manuel Lillo

Llevamos media mañana de conversación a través del WhatsApp. Lillo está viajando desde Madrid hacia Valladolid, pero ha alcanzado cierta maestría a la hora de grabar mensajes con el teléfono mientras conduce.

Estamos diseccionando cómo puede ser el juego del Manchester City que Pep Guardiola comenzará a construir durante el verano de 2016. Hablamos del tipo de contraataques que se prodigan en el fútbol inglés y nos explayamos en los matices del juego de posición, nombre que Lillo aborrece; propone sustituirlo por «juego de ubicación», que le parece un concepto más adecuado.

En este punto, cuando enfatizamos la importancia de que los equipos agrupen secuencias de pases para poder «viajar juntos» hacia delante, la voz de Lillo suena clara y precisa: «Cuanto más rápida va la pelota, más rápida vuelve».

Y se explaya:

> Si la gente no se toma tiempo para jugar, es difícil que el equipo coja alturas idóneas para someter al contrario. Con un desarrollo rápido del juego, cuando das un pase de primeras, hay un regreso de segundas... Y a toda castaña. Hay que pasar el balón cuando toca, y adonde toca y en el momento que toca. De lo contrario, cuanto antes va la pelota, antes vuelve, pero con un añadido: cuando va, la pelota va sola, pero cuando vuelve, acostumbra a regresar con ellos, con los rivales...

Ciento quince años antes, Ernest Needham había escrito:

> Demasiados defensas, cuando tienen la ocasión, lanzan un gran patadón, pensando que es toda una hazaña, y olvidando que nueve de cada diez veces la pelota pasará por encima de sus delanteros y acabará en los pies del equipo contrario, que no tendrá dificultad en devolverla.*

* Ernest Needham, *Association football*, Lincolnshire, Soccer Books, 2003, p. 25.

El de Needham, histórico capitán del Sheffield United, era un fútbol bien distinto al que ha vivido Lillo, pero su idea es la misma: «La pelota que viaja rápido, más rápido vuelve».

Detrás de esta idea fundamental del fútbol, advierto un trasfondo filosófico e incluso vital; así se lo expongo a Lillo, ahora que han pasado diez años de su frase. Le envío un largo mensaje para preguntarle si el balón que viaja rápido y vuelve aún más rápido es una metáfora de la naturaleza humana, según la cual damos y recibimos, no siempre en la misma medida y proporción. Lillo me responde profundo y pausado:

> Hace diez años, yo reflexioné acerca del tiempo de juego, no tanto de la relación entre el tiempo y la naturaleza del ser. Por ejemplo, cuando algo va tardando en darse, más difícil será desmontarlo. Si en la vida tú vas lento hacia delante (entendiendo el concepto de lento como el de la velocidad adecuada y óptima), sin prisa y desde luego sin precipitación, aquello que haces quizá tardará en asentarse, pero será algo firme en su asiento. Aquello que cuesta y tarda en obtenerse, por lo general, permanece más y se convierte en algo más pétreo.
>
> Las cosas que realmente tienen valor necesitan tiempo para asentarse. Y aquello que acontece rápido, rápido se desvanece. En este sentido, mi reflexión so-

bre la pelota iría en esta misma onda. Pienso parecido sobre dar un toque de más al balón. A veces das un toque de más y desperdicias una buena ocasión, pero probablemente seguirás en disposición de generar otra buena ocasión. He perdido la ocasión, pero de momento no tengo que correr como un loco hacia atrás. Ya se volverá a dar la ocasión. En cambio, si doy un toque de menos, porque me arriesgo, ahí no hay camino de regreso, sino que te toca regresar. Por este motivo animo a dar secuencias largas de pase. Yo he pasado de decirle al jugador «suéltala, suéltala» a decirle «quédatela, quédatela». Porque si a mí me roban la pelota en una circunstancia de juego donde el rival está próximo y cerca de mí, aún tengo posibilidad de intervención y el equipo mantiene la capacidad de corrección. Pero si la pierdo cuando estoy pasando el balón, más que quitármela me la interceptan, y de una interceptación es muy fácil que surja un pase rápido hacia nuestras espaldas.

Dicho esto, y si pensamos en el asentamiento de la vida, lo de viajar rápido y volver más rápido tiene muchas similitudes con el dar y recibir. Si tú vas dando y dando cada día, de a poquito, esto produce mucha serotonina, que es la aspiración vital, aunque estemos en un mundo dopamínico. La dopamina sería subir rápido la pelota aun sabiendo que luego regresa como regresa. Y la serotonina sería moverse de manera paulatina, sintiéndonos bien, sin mucho estruendo alrededor, pero avanzando con firmeza.

De todo lo que dice Lillo se desprende un elogio obvio de la paciencia. Jugar sin prisas, sin precipitación, asentando los avances, dando tiempo al tiempo, evitando caer en la dinámica de la futilidad y la fugacidad actuales. Buscar el *tempo* adecuado, moverse con paciencia, permitir que lo sembrado crezca y florezca, incluso reivindicar los viejos oficios artesanales...

Se hace inevitable regresar al surcoreano Byung-Chul Han, quien sostiene que vivimos en una sociedad de la aceleración, en la que se nos exige hacer más cosas en menos tiempo, estar siempre conectados y disponibles, y adaptarnos a los cambios rápidos y constantes. Esta sociedad de la aceleración nos impide disfrutar del presente, del silencio y de la calma, y genera sensaciones de angustia, vértigo y desasosiego.

Byung-Chul Han defiende las virtudes del aburrimiento, que considera esencial para el proceso creativo. El aburrimiento es imprescindible para que florezca el pensamiento, sea artístico o filosófico —en cualquier caso, artesanal—, pues hace posible la reflexión y el ejercicio de la vida contemplativa. El aburrimiento es la semilla de la creatividad.

Vuelvo a Lillo:

Todo lo artesano ya es cosa del pasado. Se reivindica lo artesano diciendo que algo está «hecho a mano». Por tal motivo, los entrenadores del siglo pasado podemos decir que estamos hechos a mano, que somos analógicos. Todos los oficios que se relacionaban con la artesanía se han perdido, en beneficio de la productividad. La prisa ha sepultado al humano y todos sus oficios.

Como pueden comprobar, lo de la pelota que va rápida y vuelve más rápida tenía un trasfondo nada fútil o banal, que enlaza con lo que pensó Albert Einstein en su teoría de la relatividad: «Cuanto más rápido te mueves, más lento pasa el tiempo para ti».

La pelota de Lillo nos transporta a la de Albert Camus, cuya profecía jamás se borrará de nuestras mentes:

Aprendí que la pelota nunca viene hacia uno por donde uno espera que venga. Eso me ayudó mucho en la vida, sobre todo en las grandes ciudades, donde la gente no suele ser, lo que se dice, recta.

30

«JUGAR AL FÚTBOL ES MUY FÁCIL, PERO JUGAR FÁCIL AL FÚTBOL ES LO MÁS DIFÍCIL QUE HAY»

Johan Cruyff

Zenón y Johan acaparan una parte del interés de los ciudadanos asistentes.*

Es domingo en Atenas, día de escuchar a los filósofos. La plaza bulle con el fervor de las grandes jornadas. Zenón de Citio camina hacia la Estoa Pecile, esa zona rectangular bordeada de columnas donde gusta de explicar sus ideas a los asistentes. La Estoa se encuentra en una esquina del ágora, cerca del Altar de los Doce Dioses. Mientras camina, absorto en sus

---

* Por supuesto, las líneas que siguen son ficción. Pero, eso sí, todos los personajes existieron, como sus frases.

pensamientos, Zenón no advierte la presencia de Aristóteles, quien declama que «todos los hombres desean, por naturaleza, saber», ni tampoco la de Sócrates, que reflexiona en voz alta junto al templo de Apolo Patroos, mientras un grupo de pupilos le escucha con delectación. «La naturaleza humana se caracteriza por la necesidad de aprender y conocer la verdad», dice el barbado maestro.

Los sofistas se han reunido junto a la Casa de la Moneda, en la vía Panatenaica, en lo que parece un guiño hacia sus seguidores. Los sofistas son los únicos filósofos griegos que cobran por explicar sus conocimientos. Ahí están Gorgias de Leontinos, Pródico de Ceos y Trasímaco de Calcedonia, lanzando sus conocidas pullas contra Sócrates, ajeno a las diatribas. El más preclaro de los sofistas, Protágoras de Abdera, explica en voz alta a sus coetáneos que «el hombre es la medida de todas las cosas, de las que son en cuanto que son, de las que no son en cuanto que no son». Admirados, los seguidores ovacionan al líder sofista.

Heráclito de Éfeso se encuentra cerca del Horos, en el límite fronterizo del ágora, exponiendo su visión: «Nada es permanente en la vida, ni puede serlo —dice con esa voz oscura que le caracteriza—. La propia naturaleza de la existencia es el cambio».

En Tholos, próximo a la colina del ágora, Anaximandro de Mileto sostiene que «el principio de todas

las cosas es lo indeterminado. El *arjé* es lo *ápeiron*».
A su lado, Tales asiente. «*Arjé* es el principio de todo, *ápeiron* es la causa entera de la generación y destrucción de todo».

La Acrópolis luce en toda su majestuosidad este domingo de primavera y el ágora bulle. Es la mayor exhibición filosófica de todos los tiempos; los asistentes tienen plena conciencia de estar viviendo un día histórico. A lo lejos se ve caminar a Diógenes de Sinope portando una lámpara encendida mientras declama: «¡Busco hombres! ¡Busco hombres! (honestos)».

Zenón de Citio y Johan de Ámsterdam se han resguardado del ardiente sol y debaten en el interior de la Estoa Pecile, en uno de los extremos del ágora. Son numerosos los seguidores que los escuchan, y entre ellos se advierten algunas mentes preclaras: Epicteto está allí, y también Epafrodito, que fue su dueño; vemos a Musonio Rufo, otro de los estoicos, y también a un joven imberbe al que llaman Séneca.

Zenón y Johan acaparan el interés de los presentes en la Estoa, hermosa construcción en mármol de cuarenta y ocho metros de longitud y doce de fondo, repleto de columnas dóricas perfectamente alineadas. En la pared interior lucen dos murales hermosos, pintados por Polignoto: uno muestra la toma de Troya, el otro, la batalla de Maratón.

Los dos protagonistas han decidido compartir sesión y se alternan en sus afirmaciones. Son dos monólogos coordinados.

Dice Zenón: «No hay ideas innatas en el hombre. Todo el conocimiento viene a partir de la intuición y los sentidos».

A Johan le ha gustado lo dicho por su compañero y quiere apuntalar el concepto: «Toda desventaja tiene su ventaja».

Vuelve Zenón: «La vida es una escuela y los humanos hemos venido a ella a aprender».

Johan replica que «antes de equivocarme, yo no cometo ese error», mientras juguetea con una pelota de trapo en los pies.

Uno y otro gustan de las frases cortas. Zenón y Johan destilan estoicismo; así se llamará su filosofía, en honor de la Estoa Pecile (*Stoà Poikile*).

El de Citio se crece: «No creo en la casualidad, sino en la causalidad».

El de Ámsterdam afirma: «En el mundo de los ciegos, el tuerto es rey, pero sigue siendo tuerto», mientras hace malabares con la pelota.

Zenón asegura que «hay que educar a las personas pensando que somos ciudadanos del mundo».

Johan responde que «la gente que no está a mi nivel no puede afectar mi integridad».

Enardecidos por la brillantez de los oradores, el

reducido público los corea con vítores tras cada frase, seguros de que sus ideas perdurarán, de que no caerán en el olvido.

«El bien supremo, la virtud, es vivir de modo acorde a la naturaleza», dice Zenón.

«Solo hay un momento en que puedes llegar a tiempo. Si no estás allí, llegaste demasiado pronto o demasiado tarde», declama Johan.

El sol ateniense quema las cabezas de los presentes y comienza la hora de despedir la sesión para ponerse con el ágape dominical. A lo lejos, Sócrates se aleja, arrastrando su maloliente túnica, seguido por una multitud de aficionados a sus ideas.

El duelo de esgrima verbal llega a su final.

Turno de Zenón: «Debemos agradecer los infortunios, solo así podremos desarrollar la virtud».

Turno de Johan: «Si tú tienes el balón, ellos no pueden hacer ningún gol».

Las sesiones de los estoicos siempre terminan con algunas preguntas de los asistentes. Cleantes de Aso se interesa por esa pelota de trapo que ha manejado Johan, que le da detalles:

> Esto es un *pilotellus* hecho con trapos. Algún día se fabricarán con tripas de vaca o con piel de buey, estoy seguro. Es un juguete que encontré en el ágora de Ámsterdam y me sirve para meditar. El mejor despacho es

un balón. Solo te sientas y observas, analizas y piensas en nuevas ideas.

La explicación ha maravillado a Liedholm de Suecia, quien reelabora lo dicho por Johan: «Si tenemos la pelota, los demás no pueden marcar. ¿Es así?».
El filósofo llegado de las Holandas asiente con la cabeza.

Zenón escucha en silencio los conceptos que desgrana Johan, que se ha convertido en el único protagonista del fin de la sesión. Crisipo de Solos le pregunta al de Ámsterdam cuál es la esencia de su filosofía. Y Johan le responde: «Toda la filosofía quedó establecida en el Mundial de 1974. Aquella filosofía aún hoy es válida».

Un aplauso corona la explicación, antes de que Aristón de Quios inquiera: «¿Qué es el fútbol, Johan?».

Y el maestro de pies ligeros responde: «Jugar al fútbol es muy fácil, pero jugar fácil al fútbol es lo más difícil que hay».

Una mano se alza. Es Von Clausewitz de Prusia, afamado guerrero, que desea corroborar con su experiencia la idea de Johan: «Todo en la guerra es muy simple, pero hasta la cosa más sencilla es muy complicada...», afirma el laureado general.

El pueblo asiente.

El ágora se ha vaciado. Solo los estoicos permanecen en la Estoa, fascinados por el descubrimiento de una pelota y un juego que parecen ser como la vida misma. Esfero Bosforano, conocido por sus puntillosas y precisas definiciones, inquiere sobre la reciente afirmación de Aristóteles, que ha dicho que la Tierra es el centro del universo. Al vuelo, Johan de Ámsterdam replica: «El centro del universo es el balón».

El día ha sido fecundo y asombroso para los discípulos estoicos. Es una filosofía que apenas se inicia y que ya tiene furibundos detractores. Posiblemente, no alcanzará a las multitudes ni será bien vista en el futuro, quién sabe...

Es hora de decir adiós hasta otro domingo. Johan de Ámsterdam despide a los allí congregados con una última idea: «Salid y disfrutad».

«Para viajar lejos no hay mejor nave que un libro».
EMILY DICKINSON

Gracias por tu lectura de este libro.

En **penguinlibros.club** encontrarás las mejores recomendaciones de lectura.

Únete a nuestra comunidad y viaja con nosotros.

penguinlibros.club

 penguinlibros